O Pequeno Grande Amigo

Dados Internacionais de Catalogação na Publicação (CIP)

(Câmara Brasileira do Livro, SP, Brasil)

Martins, Isaac
    O pequeno grande amigo / Isaac Martins. —
2. ed. ampl. — São Paulo : Ícone, 2007.

ISBN 978-85-274-0920-9

1. Amizade 2. Avós e netos 3. Crianças -
Conduta de vida 4. Crianças e adultos 5. Pais
e filhos 6. Relações interpessoais I. Título.

06-7570   CDD-158.24

Índices para catálogo sistemático:

1. Avós e netos : Relações familiares :
   Psicologia   158.24

Isaac Martins

O Pequeno Grande Amigo

2ª Edição Ampliada

© Copyright 2007.
Ícone Editora Ltda.

Projeto Editorial
José Carlos Rodrigues da Hora

Revisão
Paula Pires
Rosa Maria Cury Cardoso

Capa
Audírio Nogueira - Nôgas

Fotografia da capa
Studio Rocha

Proibida a reprodução total ou parcial desta obra,
de qualquer forma ou meio eletrônico, mecânico,
inclusive através de processos xerográficos,
sem permissão expressa do editor
(Lei nº 9.610/98).

Todos os direitos reservados pela
ÍCONE EDITORA LTDA.
Rua Anhanguera, 56 – Barra Funda
CEP 01135-000 – São Paulo – SP
Tel./Fax.: (11) 3392-7771
www.iconeeditora.com.br
e-mail: iconevendas@iconeeditora.com.br

Este livro é dedicado

Aos grandes amores da minha vida:
minha esposa Gláucia;
meus filhos:
Christian Bruno,
Anne Isabelle,
Daniella Cristina,
Meus netos:
Marcos Neto e Isaac Martins.

Aos meus pais
Joaquim Martins e Iracema (in memoriam).
Aos meus irmãos
Wellington (in memoriam), Helena, Maria,
Aparecida, Comandante Catalão, Fátima e
Carlos Armando.

Aos amigos:
Fernando Gomes e Josélia
Paulinho e Neném
Lusinardo e Isaura
Arlindo e Conceição
Gilberto e Naide.

" Esta é a história de dois amigos:

Um Pequeno e o outro Grande.
O Pequeno amigo que se tornou Grande,
pela nobreza dos seus atos,
e do Grande que soube ser,
Pequeno para melhor compreendê-lo."

PREFÁCIO

Este meu livro não é apenas uma linda experiência de vida e de amor; é também um alerta para todas aquelas pessoas que não sabem se relacionar com uma criança, não tentam compreendê-la nas suas atitudes puras e, assim, acabam não respeitando o seu direito mais simples — o de ser criança. Pessoas que ignoram a sua presença dentro de casa e no contexto da família, não valorizando sua participação e muito menos incentivando suas descobertas; achando que ela não tem personalidade nem vontade própria, e que podem enganá-la por muito tempo com qualquer tipo de colocação sem conteúdo.

A criança de hoje é ativa e participante — ignorar isto é enganar a si próprio. Ela é uma fonte de sabedoria pura (como deveria ser todo ser humano) e precisa se sentir inserida no seio da família, amada e respeitada por todos.

Por ter tido uma experiência fantástica sobre o assunto, resolvi abrir o meu coração e fazer uma coisa que nunca imaginei que fosse capaz: escrever este livro.

Quando comecei esta experiência, eu não tinha nem idéia do compromisso que iria criar para mim mesmo. Sempre me considerei uma pessoa muito criativa e, por trabalhar com elaboração de projetos na área de marketing, confesso que até sentia uma certa facilidade para escrever. Por ter tido uma longa e boa experiência com teatro amador na minha época de estudante universitário, tornei-me uma pessoa desinibida e, por que não dizer, comunicativa; tanto é que reconheço o quanto essa experiência ajudou na escolha de minha profissão — Administrador e Consultor de Marketing. Minha primeira experiência como escritor é a soma de tudo isso: o aprendizado da vida difícil que tive como criança pobre que trabalhou na roça e começou a estudar em uma escola rural, e que nem por isso ficou com mágoas e ressentimentos da vida. Que lutou para sobreviver com dignidade e ser um exemplo de pai para seus filhos.

A idéia de escrever um livro era fruto dessa minha facilidade de comunicação. De um simples propósito, virou idéia fixa quando da emoção que senti com o nascimento do meu primeiro neto, relato que vocês terão oportunidade de conhecer com a leitura do livro. Foi uma emoção muito diferente de tudo que já vivi até hoje. Acho que usei mais do que um computador para escrever esta história. Destinei cada minuto de folga que tinha para passar para o papel essa emoção indescritível. Como fiz o prefácio deste livro depois de tê-lo concluído, posso afirmar, agora com certeza, que o escrevi com o coração aberto, deixando a emoção falar por mim e sentindo, arrepiado, a presença de Deus em todos os momentos. Em várias ocasiões, confesso que minha mente falhava, meu pensamento vagava e, de repente, o texto vinha claro como uma luz sobre a minha mente e fazia a coisa acontecer.

Como o mundo se abriu para mim com novos horizontes, criando novas perspectivas de vida, resolvi me dedicar de corpo e alma a meu neto, até porque meus filhos já estavam todos na idade adulta.

Vocês vão ler a linda história de duas pessoas que se tornaram amigas, mesmo com uma enorme diferença de idade.

A história de um homem que se sentia só, que escolheu uma criança a quem ofertar seu amor e amizade, e que foi plenamente correspondido. Para me tornar amigo do meu neto, dediquei a ele cada minuto da minha vida sem medir as conseqüências, sem limites. Ele, por sua vez, sempre me retribuiu com carinho e alegria, duas formas de expressão da pureza de criança que ele soube externar como ninguém. Aproveitei cada minuto de nossa convivência. Quando estava longe, minha diversão predileta era ficar pensando nele. Aprendi a conversar com aquele menino muito antes que ele pronunciasse suas primeiras palavras. Não fui um adulto ao seu lado; tornei-me criança do seu tamanho, falando a mesma linguagem. Fui, não; ainda sou, pois é cada vez melhor a nossa comunicação quando estamos sós.

Apesar de recheado de opções, comecei a escrever este livro sem um título definido. Pensei em vários nomes. Como estava tendo uma linda e divertida experiência com meu neto, queria um título que remetesse à sátira e humor do conteúdo das histórias e, de impacto, também despertasse curiosidade e interesse no leitor. Com este raciocínio eu achava que o livro deveria ter o título de "A saga de um vovô".

Por outro lado, também vivenciava com ele algo diferente, por que não dizer, um desafio. Ficávamos juntos um dia inteiro, às vezes até semanas. Tal situação me obrigava a lhe dar banho, comidinha na boca, colocá-lo para dormir, além de limpá-lo e lhe trocar as fraldas. Assim sendo, pensei em usar o título de "Um vovô quase perfeito" — afinal, ele não reclamava, mas só Deus sabe as dificuldades que tive de adaptação, pelo menos de início.

A história foi ficando emocionante e, de uma pequena brincadeira, virou um relacionamento de profunda amizade que me completava, apertava cada vez mais meu coração, preenchia meu vazio e me fazia o homem mais feliz do mundo. Enquanto o livro aumentava em número de páginas, o meu amor por ele crescia numa proporção incomensurável. Sentia sua falta, sempre que me afastava dele; comecei a ver claramente que havia ali do meu lado, mais do que uma criança, um amigo inseparável. Amigo do peito, como dizia ele quando se referia a mim. Estávamos vivendo realmente uma grande história. Quanto mais o tempo passava, mais eu sentia o quanto ele confiava em mim; e estas páginas contam cada passo dessa nossa relação.

Resolvi, então, alertar meus leitores para a importância que muitas vezes deixamos de dar à presença de uma criança em nosso meio, na nossa casa. Comecei a fazer um verdadeiro laboratório, observando atitudes de pais com seus filhos na praia, nos parques e restaurantes, e percebi o quanto as crianças crescem sozinhas ao lado de tanta gente.

Com isto o livro tomou um novo rumo, tornando-se mais um alerta para estas questões de comportamento e atitudes dentro do relacionamento humano. A emoção tomou conta do meu coração e parece até que já não era mais eu que escrevia. Uma força interior me movia a cada capítulo, e o perfil do livro foi mudando: de um simples relato, para um verdadeiro testemunho de amizade, respeito e relacionamento humano. Assim, decidi que o mais lógico seria lhe dar um título que melhor retratasse essa situação, que representasse com exatidão a experiência emocionante que nasceu numa linda manhã ensolarada de junho, e que eu regarei com muito amor e carinho por toda a minha existência.

Resolvi dar ao livro o título "O pequeno grande amigo". *Pequeno* era como eu o sentia em meus braços, e *grande* era a nossa amizade. Acho que não poderia ter escolhido epíteto melhor para retratar essa história.

Tentei guardar segredo de todo mundo sobre este livro, mas minha esposa acabou descobrindo, de tantas vezes que me viu levantar de madrugada e ligar o computador para escrever. Ela foi muito discreta. Descobriu tudo, mas não contou o meu segredo para ninguém, mesmo depois de ter visto que eu havia concluído o livro — até nisto ela foi minha cúmplice. Talvez para não quebrar o encanto, só bem depois ela me revelou que sabia de tudo.

De uma coisa o leitor pode ter certeza: este não é apenas mais um livro de um vovô coruja que fala com entusiasmo do seu neto. Nada disso. Eu procurei fazer um livro com profundidade, vivências e ensinamentos relativos à psicologia do relacionamento humano. Relatei cada fato que se passou entre mim e meu neto; procurei testemunhar o aprendizado que ficou daquela situação, acima de tudo, os ensinamentos para o futuro. Chamo atenção, a cada momento, para os erros que cometemos todos os dias com as nossas crianças, e o quanto perdemos de nossas vidas ao nos distanciarmos delas, ao ignorarmos a sua presença.

Finalmente, prezado leitor, com este livro espero ter contribuído de alguma forma para melhorar a vida das nossas crianças, que às vezes se sentem tão sozinhas dentro de nossas próprias casas, entregues a babás que nunca vão compreendê-las porque não são pagas para isso. Quero sugerir aos pais que, no pouco tempo que passam com elas em suas casas, não re-clamem por serem incomodados com algumas peraltices, praticadas com o único objetivo de chamar sua atenção. Não custa lembrar que uma criança sempre vai incomodar, toda vez que, junto a ela, você se comportar como adulto. Uma criança não sabe ser adulta para estar na sua presença sem incomodar, mas você adulto, que já foi criança, deveria saber como agir.

E assim escrevi o meu livro, a minha história. A história do meu pequeno grande amigo. Por ser novo como escritor, ressinto-me de não ter conseguido expressar com exatidão a grandeza dessa amizade. Mas verdade seja dita: eu abri meu coração.

O autor

ÍNDICE

1. A emoção da chegada, 17
2. Viagem dos pais, 33
3. Vamos a la praia, 35
4. Um ano de alegria, 39
5. Segunda viagem dos pais, 43
6. Encontro com a natureza, 49
7. A receita do dia-a-dia, 55
8. Santa semana, 61
9. O apelido da vovó, 65
10. Vocação para piloto, 69
11. O circo chegou, 71
12. Uma comédia teatral, 75
13. Dois anos de alegria, 79
14. Carinho e atenção, sempre, 83
15. Vida, vivida e dividida, 91
16. Visitar amigos, 99
17. Um torcedor fanático, 103
18. São João na fazenda, 107
19. O centro das atenções, 113
20. O amanhã se planta hoje, 117
21. Alegria contagiante, 127
22. Vamos para escola, 145
23. Um susto, só para ir se acostumando, 155
24. Era um garoto que como eu, 159
25. Papai Noel existe, 163
26. O menino e o livro, 171
Making off, 173

A emoção da chegada

"Obrigado por encher a minha vida com tanta felicidade. A sua chegada foi um valioso presente que agradecerei eternamente."

Toda chegada traz como recompensa um prêmio pela meta alcançada, pelo desempenho e esforço da caminhada. Chegar é brindar com alegria com aqueles que o esperam. Chegar, para uns, pode apenas cumprir um objetivo, mas para outros, pode ser a realização de um sonho. Em ambos os casos, para quem espera a chegada é sempre uma alegria, um motivo de festa e comemoração. Você já parou para pensar na emoção dos seus pais com a sua chegada, depois de uma espera lenta e rotineira de nove meses? Saber que você existe, conviver com a sua presença, dormir com você todos os dias, sentir você e não poder vê-lo. Você está ali tão perto e vem de tão longe.

Aí começa a funcionar a nossa imaginação. Como será você? Cor, cabelo, olhos, vai parecer mais com quem? São detalhes físicos que só servem para atiçar ainda mais a nossa imaginação. Você nem chegou ainda, mas já mora no coração das pessoas. Se você for analisar mais profundamente, vai se perguntar: do que ele vai gostar? que profissão vai seguir? e sua maneira de pensar? seu temperamento? suas atitudes? seu comportamento? São detalhes psíquicos da sua personalidade — você nem nasceu, mas eles já existem dentro de você, que por eles vai brigar e, se preciso, morrer por eles.

Toda mãe convive durante nove meses com todas essas expectativas. Quando chegar, você vai chorar ao sentir o primeiro contato frio com o mundo para o qual você foi criado. Mas não vai chorar sozinho, pois sua mãe vai acalentá-lo, colocá-lo no peito e chorar com você, não de dor, mas de emoção. E durante a sua vida inteira, provavelmente ela chorará outras vezes, talvez já não mais *com* você, mas com certeza *por* você. Talvez, quem sabe, alguém mais também chore pela emoção de ver, de receber você. Alguém mais recatado vai chorar quietinho, lá no cantinho. Alguém vai ter vergonha de chorar alto, mesmo que seja de alegria, e vai chorar baixinho, lá dentro, enchendo-se de emoção como uma bola de vento que nos sufoca.

Comigo não foi diferente. A emoção foi enchendo meu peito, cresceu por todo meu corpo e ficou maior do que eu realmente era. Eu não cabia dentro de mim, tinha algo maior e mais forte do que eu. Tentei lutar, tentei me conter, mas vi que era impossível; então abri meu peito e pensei por uns instantes que iria explodir de tanta alegria... Ele chegou! Meu neto chegou! Com vergonha de ser ouvido pelas pessoas que estavam do meu lado, gritei por dentro com toda a força... Viva! viva! ele chegou... Parei para meditar e agradecer a Deus. Quando olhei para mim mesmo estava chorando quietinho num canto do corredor... No meu cantinho, num canto de parede qualquer que me serviu de abrigo e sustentou meu corpo quando minhas pernas falharam. Foi um momento indescritível.

Marcos Antônio Souto Maior Neto, a partir de agora denominado "Marcos Neto", nasceu dia 1º de junho de 2000. Chegando com toda banca em pleno novo milênio, com tudo para ser um garoto cibernético e foi o que aconteceu de fato. Espere só para conhecer o desenrolar desta grande história sobre um pequeno garoto, mexendo com os sentimentos adormecidos de um vovô que resolveu tomar coragem e abrir o seu coração em sua primeira experiência literária.

Na chegada do meu neto vivi a maior emoção da minha vida. Que me perdoem meus filhos, pois todos, sem exceção, me trouxeram, também, momentos emocionantes com o nascimento. Mas com Marcos Neto foi diferente. Um filho já é muito bom, uma alegria enorme, mas o filho do filho parece que é filho duas vezes. É inexplicável. É uma emoção contagiante. Eu passaria aqui o resto do livro tentando descrever este momento sublime e provavelmente não conseguiria, porque, repito, é inexplicável. É uma coisa semelhante à emoção vivida com o nascimento do primeiro filho que vem misturada com a inexperiência de um jovem pai, se contrastando com a chegada do primeiro neto, que traz consigo toda uma carga de emoção cravada num peito calejado pela vida e carregado de ansiedade. Você começa a se lembrar dos filhos e, numa maturidade assumida, tenta voltar ao passado. Sua mente vaga pelo tempo buscando lembrar como era tudo aquilo. A preocupação em reviver o que você fez de bom e tentar ser melhor ainda. Procurar descobrir os erros que, porventura, você tenha cometido no passado e tentar não repeti-los ao longo de sua próxima jornada. É a tentativa de buscar a perfeição de seus atos, para tentar ficar em paz consigo mesmo. É o medo de errar, atitude própria de um coração sofrido que já viveu tantas emoções, tantos momentos que nem mesmo eu saberia descrevê-los.

Um filho é a vida da sua vida, é Deus te premiando pelo cumprimento do seu dever como homem e cristão na terra: "crescei e multiplicai". O neto é a confirmação desse prêmio, é a verdade da profecia Divina, é a continuidade da vida.

Eu me achava um rochedo em forma de gente. Forte, equilibrado, cheio de garra, preparado para todo e qualquer desafio; sempre me senti um verdadeiro Indiana Jones, pronto para qualquer parada, tinha até uma coleção dos seus chapéus em todas as cores. Pobre de mim... Só de lembrar me dá pena de mim mesmo.

Minha filha ainda estava sendo atendida na sala de cirurgia, com a presença da mãe, minha esposa Gláucia, que é enfermeira e ajudou na hora do parto. Quando uma outra enfermeira entrou no berçário trazendo enrolado nos panos aquele pedacinho de gente, eu me aproximei bem junto ao vidro e tive a sensação indescritível de ver, pela primeira vez, o meu neto. Pensei que ia desmaiar, o chão foi sumindo sob meus pés... sentei pra não cair. Mesmo sentado, senti que ia desmaiar e então resolvi pedir ajuda; fui atendido e medicado ali mesmo, no próprio hospital, com uma crise de hipertensão. Enquanto eu estava sendo atendido, minha esposa foi chamada. Ela saiu da sala de parto e procurou me tranqüilizar dizendo que estava tudo bem, mas se mostrando surpresa com o quadro que estava vendo. E chamou logo minha atenção:

— Que isso rapaz? Logo você que se dizia tão forte? O que está acontecendo? Fique calmo que está tudo bem.

Eu, ainda zonzo, dei uma de forte e respondi que estava melhor e que tinha sido um problema passageiro, que ninguém se preocupasse comigo. Imagine só! Eu, coitado, inventei de passar mal, querendo roubar a cena daquele momento, quando a grande atração era meu neto, o astro maior, para quem todos deveriam voltar suas atenções. Procurei me recompor como se nada tivesse acontecido, mas fiquei pensativo, tentando entender tudo aquilo que tinha acontecido comigo naquele momento. Não conseguia dividir com ninguém aquela emoção. Não falava com ninguém, permaneci calado, cético, enquanto minha cabeça girava a mil, procurando explicações para o que eu estava sentindo. Bom, deixa pra lá. O inexplicável só é explicável por Deus, que sabe o que está pretendendo; vou deixar com Ele.

Comecei a andar pelos corredores do hospital para me acalmar e a fazer planos para o futuro. Pensava eu: "E agora, como vai ser, com este pimpolho brincando, engatinhando e correndo por toda casa?" E em voz alta: "Vai ser muito bom, vou me divertir pra valer". O comportamento egoísta tomava conta de mim, que só pensava nas coisas que juntos iríamos fazer.

Enquanto isso, num tom de alegria e descontração, havia um verdadeiro alvoroço no hospital provocado pela presença dos amigos do mais novo pai. Os amigos bebericavam, com charutos na mão distribuídos com orgulho pelo papai Markito, que comemorava com entusiasmo a chegada do "varão" e herdeiro das famílias Souto Maior e Martins, o primeiro neto de ambas. Havia uma verdadeira movimentação de pessoas em festa se congratulando; enquanto isso, eu continuava sozinho no meio daquela multidão, sem saber se ria ou se chorava.

Sempre pensei que iria poder fazer muito pelo meu neto, mas enquanto ele foi crescendo, também fui descobrindo que o meu "muito" era de fato "muito pouco", diante do que eu ainda queria fazer. "Tudo" seria a afirmativa mais correta para definir aquela situação. O "muito", na maioria das vezes, pode ser pouco, dependendo da sua medida e do conceito de quantidade. O "tudo de mim", isto sim, seria a definição mais correta em relação a meu neto — tudo que couber no espaço infinito, este é o meu limite. É a doação de tudo o que tenho, de tudo o que sou, é a doação de mim mesmo. Isto foi o que descobri que poderia fazer por ele. O ruim é que ainda existem pessoas que dão muito pouco de si e pensam que estão fazendo o máximo, que já deram muito; outras — a minoria, infelizmente — dão muito de si e estão procurando sempre dar ainda mais, na certeza de que o que fazem, ainda é muito pouco.

Ver um neto crescer é ver você renascer para dentro de si mesmo, é ver você crescer em direção a si mesmo, para o seu interior, para sua eternidade. Nesta vida vou sempre tentar não deixar o mundo passar por mim; vou passar com ele, vivendo e me emocionando em cada etapa, participando ativamente. Só assim poderei chegar ao fim da vida sem reclamar de que o tempo passou e eu não vi. Não, o meu tempo não passará impunemente; nós passaremos juntos, viveremos juntos até a eternidade.

Voltando então ao nascimento do Marcos Neto. Passado o susto, a pressão arterial normalizou com o uso de medicação e eu pude raciocinar mais calmamente o porquê de um homem, que se dizia tão preparado física e espiritualmente, ter se abalado tanto. Para procurar respostas, parto das perguntas que faço a mim mesmo: Por que aquele pedacinho de gente tinha mexido tanto comigo? Procurando as razões me detive sempre no lado físico e lógico das coisas. Afinal eu acabara de sair de uma longa enfermidade, que me deprimiu muito. Foram vários dias de hospitalização somados a uma convalescença prolongada em casa. Período de muita preocupação para amigos e familiares. Uma complicação cerebral provocada por artrite e problemas circulatórios me levava a fortes dores de cabeça, e ao uso diário de oito tipos de diferentes medicamentos por prolongados períodos. "Assim sendo", pensei, "está tudo explicado". Eu estava com o organismo desgastado, cansado, estressado, etc., portanto suscetível a esse tipo de coisa. Deduzi isto depois de escutar, também, opiniões de muitos amigos. A questão estava esclarecida. Foi isso que me "derrubou" no dia do nascimento do meu neto, concluí.

Tentando buscar explicações para o inexplicável, nós sempre procuramos a lógica, o tangível, o evidente, o óbvio. Hoje, mais curado do que nunca, refleti profundamente e acho que encontrei a verdadeira resposta, talvez até o motivo de estar escrevendo este livro.

O nascimento do meu neto mexeu tanto comigo, porque na verdade, naquele momento, sem que ninguém do meu convívio percebesse, eu estava passando sozinho por um enorme vazio.

Talvez fosse a crise existencial da chamada "meia-idade"; afinal de contas eu havia acabado de completar 50 anos, meio século que na verdade representa dois terços da vida, se considerarmos a média alta de sobrevida dos brasileiros. O que eu não conseguia entender, mas hoje admito, como é que um ser tão pequeno pudesse se tornar tão grande, capaz de preencher aquele enorme vazio que existia dentro de mim.

Ao que parece, com a chegada dos 50 anos meu coração se abriu tanto que criou enorme vazio dentro de mim, o que me obrigava a procurar preenchê-lo dia após dia. Parece, também, que dentro de mim brotaram flores que pediam para ser regadas, cultivadas, implorando por uma chance para frutificar e se multiplicar. Alguma coisa me dizia que eu não poderia guardar só para mim toda aquela experiência de meio século de vida. Foi assim que comecei a compreender o porquê do nascimento de Marcos Neto ter sido um momento tão marcante na minha vida. Nós tivemos o que se pode chamar de encontro da vida. Alguém que chegou tão docilmente, com um olhar meigo, puro e profundo que parecia implorar, como a dizer:

> *"Estou aqui, cheguei, sou todo seu. Estou fraco e quero a fortaleza dos seus braços; tenho olhos, mas preciso aprender a enxergar as coisas boas da vida; tenho ouvidos, mas preciso que você me ensine a escutar; tenho pernas, ensina-me a andar para que eu possa correr com alegria pelos campos floridos, crescer e me preparar com*

dignidade para, também com o mesmo entusiasmo, percorrer com amor os melhores caminhos que a vida me reservou. Estenda-me a sua mão, vovô, me dê a força dos seus braços para guiar o meu caminho, ensina-me uma direção, seja o timoneiro do meu barco a guiar meu rumo, meu destino; só assim eu terei certeza da minha chegada a um porto seguro ".

Todos esses pedidos, justamente se encaixando direitinho nos espaços vazios ocasionados pelo crescimento espiritual do meu coração. Diante de tudo isto, olhando para o passado para tentar enxergar o futuro e compreender o presente, é que entendemos a grandeza e a sabedoria Divina. Eu poderia morrer de tédio naquele vazio, mas naquele momento não estava nascendo somente o meu neto...Eu também estava nascendo... Renascendo para uma outra vida, de doação, de dedicação ao outro. Fico emocionado, mesmo hoje, depois de algum tempo, só por estar relembrando e escrevendo este relato.

Passada toda aquela emoção e movimentação do nascimento, iniciamos um verdadeiro planejamento, tomando decisões importantes em relação ao futuro de Marcos Neto. Ficou logo acertado que a nova mamãe Isabelle, o papai Markito e o Bebê, é claro, toda aquela verdadeira família que acabara de nascer, iria morar por uns tempos com os avós maternos, Isaac e Gláucia. Assim estava dada a oportunidade para a enfermeira e vovó Gláucia mostrar suas habilidades, justamente com seu tão esperado neto. Lá em casa eles ficaram aproximadamente três meses, com os cuidados iniciais observados por alguém mais experiente, no caso a vovó Gláucia, até que o bebê ficasse mais firme. Eu procurei logo defender uma permanência maior; pois estava ali dentro de casa a minha grande chance de realização.

A idéia da permanência deles lá em casa foi também aceita pelos avós paternos. Tudo pronto, chegaram mamãe Isabelle e papai Markito, com o Rei. Como é de praxe, com direito a todo o aparato que lhe é peculiar. Chegou e foi logo tomando conta do pedaço — afinal, todo Rei que se presa tem que manter a sua majestade. Chegou e foi logo usando de suas prerrogativas, dando todas as ordens. Ocupou logo o melhor espaço da casa e ordenou aos súditos em particular (pobres de nós) e a seus assessores diretos, que cumpríssemos suas determinações — no caso específico, o pai, como advogado, foi logo fazendo tudo por escrito e, para não haver dúvidas, publicando (afixando) em todos os painéis (portas) do "palácio".

Tudo dele era especial: guarda-roupa, berço, banheira, etc. A cozinha tinha um departamento só dele. Relógio, balança e até um cronômetro; tudo tinha que ser feito no tempo e na hora. No uso de suas atribuições, como todo bom Rei, decretou logo o seu primeiro ato: a lei do silêncio. Afinal não queria ser incomodado. Ninguém fala alto, desliga-se som e televisão. Depois vieram outras portarias, tais como horário de visitas, aproximação, etc. E por falar em barulho, só quem podia falar alto era "ele". Berrava a noite toda com cólicas, colocando todo mundo de prontidão; quando conseguia dormir, voltava a imperar a lei do silêncio. Ninguém podia reclamar nada. Quem se sentisse incomodado que se retirasse ou tapasse os ouvidos. A propósito, foi o que fez o papai Markito, comprou logo um protetor sonoro de ouvidos.

Esse papai Markito era muito "sabido" mesmo, usando das atribuições que lhe cabiam como advogado do Rei: tratou logo de inventar uma escala de plantão e afixou na porta de entrada das dependências de sua majestade. O interessante era que o seu horário era sempre durante o dia ou, no máximo, no início da noite. É claro que tal atitude causou logo revolta nos demais serviçais. Certo dia, depois de muita pressão, ele entrou na escala da madrugada. No primeiro berro do Rei ele saiu correndo para o quarto da vovó com o menino nos braços, cambaleando de sono e pedindo socorro à enfermeira Gláucia que se encontrava no seu horário de folga.

E por falar no inexperiente papai, vou aqui abrir um parêntese para narrar um fato interessante ocorrido durante o nascimento de Marcos Neto. Todo metido a forte e dono de si, pegou uma câmera e disse que ia filmar o parto de sua esposa Anne Isabelle. Vestiu toda aquela indumentária apropriada para uma sala de cirurgia e lá foi ele sob os protestos de todos, pois pelo número de pessoas que era permitido, a sua presença tirava da sala a participação da enfermeira e avó Gláucia. Se você está pensando o mesmo que alguns já sabem, foi isso mesmo que ocorreu. Não deu tempo nem da médica começar os cortes com o bisturi. Quando o anestesista iniciou o seu trabalho com aquelas agulhas enormes, ficou amarelo dentro daquele uniforme verde, rodou e começou a cair, no que foi amparado e teve que sair às pressas da sala de cirurgia. Lá fora, é claro, teve de agüentar as gozações dos amigos que não perdoaram a fraquejada do valentão.

Com o novo membro da família em casa, nenhum dia conseguia ser igual ao outro, era cada dia um novo amanhecer repleto de gratas surpresas e repetidas emoções. Os dias foram passando com a vida tentando voltar ao normal. Mas cada dia trazia dentro de si um ramalhete de alegrias e agradáveis momentos. Parafraseando um grande amigo e irmão, o poeta e cantor Fernando Gomes, nos momentos de sublimes declarações de amor à sua amada Josélia, "era como se eu vivesse morando eternamente no céu". Isto mesmo. Eu acordava de manhã e me perguntava se tudo aquilo não era um sonho; para tirar as dúvidas eu ia até o seu quarto e contemplava com os meus próprios olhos aquela linda realidade Divina que estava ali, dentro da minha casa. Eu não sabia como agradecer, não sabia se rezava, se calava ou se chorava. Eu não conseguia caber dentro de mim, o meu peito era pequeno para tanta emoção. E a conclusão a que chegava era de que eu era muito pequeno para merecer tão grande prêmio de Deus. Não tinha como esconder tanta alegria, até tentava fazer a vida voltar à sua rotina normal, mas não conseguia.

Hoje, já posso confessar: saía para o trabalho e depois ficava contando os minutos ou inventando alguma desculpa para voltar mais cedo para casa. Às vezes telefonava e perguntava se não estava faltando alguma coisa para comprar, só para ter um motivo para voltar lá e, é claro, dar uma "espiadinha" naquela coisa linda e preciosa. Quantas vezes eu acordava de madrugada e ficava curtindo sozinho aquele momento de conversa com Deus, pensando na sua grandeza e na enorme alegria que Ele havia me proporcionado, trazendo para dentro da nossa casa, para dentro de nossas vidas, aquele ser gracioso.

Não sei como passar para este papel a grandeza daqueles momentos indescritíveis. Agora, mais do que nunca, tenho a certeza de que Deus existe e sei como falar com Ele. O meu neto, de apenas alguns dias de vida, me ensinou tudo isso. Quando se tem motivo para viver, tudo é novo, tudo é belo. Toda boa surpresa traz alegria e muito contentamento. Nas palavras de mestre Tagore, "cada criança, ao nascer, nos traz a certeza de que Deus ainda não perdeu a esperança nos homens".

Na verdade eu e minha esposa Gláucia não sabíamos como conviver com tantas mudanças em nossas vidas. A partir de então, todos nossos momentos e atenções ficaram voltados para aquele pequeno ser que pedia espaço e se chegava cada vez mais para perto de nós. Daí em diante a convivência foi cada vez melhor. Assistir aquele pedacinho de gente crescer foi como nascer de novo.

Se for verdade que o homem cresce para dentro, eu estava cada vez mais inflado, sentindo desenvolver dentro de mim a minha nova vida, o meu novo ser, o meu eu espiritual. Eu me sentia cada vez maior, mais homem e mais gente. Agora já posso afirmar que a chegada de Marcos Neto reacendeu dentro de mim a vontade de viver, de crescer espiritualmente, de ser mais humano, mais flexível, de olhar a vida de frente sem ter medo de assumir minha condição de cristão de um mundo novo, de fazer profundas autocríticas sem me abalar, de ter vontade de mergulhar no profundo do meu ser e deixar que isto aconteça, sem ter medo dos compromissos que virão com estas descobertas; é, acima de tudo, você ser o que você é e não o que os outros querem que você seja.

Como nossa família é de tradição católica, lá em casa, a criança nasceu, tem logo que batizar. Assim sendo, com pouco mais de um mês, Marcos Neto foi batizado, para comemorar sua entrada no Reino do Povo de Deus. A solenidade ficou ainda mais bonita pois estávamos aproveitando aquele clima de alegria que contagiou todo mundo com a sua chegada. Haja emoção! Parecia até que tudo de bom que Deus poderia propiciar para a minha vida estava acontecendo naquele momento.

Uma solenidade simples, mas acolhedora, cheia de pureza e espiritualidade, aconteceu na Capela do Grupamento de Engenharia em João Pessoa, no dia 8 de julho de 2000, às 8 horas da manhã. O celebrante foi o Frei Justino. O momento solene foi presenciado apenas por familiares e alguns amigos. Logo após a cerimônia foi servido um café da manhã comemorativo da data, na nossa casa, preparado com muito carinho pela vovó Gláucia.

Eu e Gláucia sempre achamos que padrinhos devem ser pessoas amigas dos pais da criança, que tenham um bom exemplo de vida na fé, sejam capazes de orientar o afilhado na vida cristã, já que seus pais são católicos e ser este um compromisso assumido pelos padrinhos perante Deus no ato do batismo. O Sacramento do Batismo é a entrada do cristão no Reino do Povo de Deus. Neste ponto os padrinhos têm papel fundamental na educação religiosa do afilhado, orientando-o até que atinja a idade da Crisma, onde o já então jovem batizado irá confirmar seu sacramento do batismo.

A surpresa ficou por conta da escolha dos padrinhos do Marcos Neto, pelos pais Markito e Isabelle. Nunca imaginei que seríamos nós, eu e a vovó Gláucia. Em princípio não concordamos, por achar que os avós já têm muita responsabilidade com o neto e que os padrinhos deveriam ser pessoas mais jovens, pois teriam mais tempo de vida para acompanhar o afilhado na caminhada cristã. Nenhum de nossos argumentos adiantou. Procuramos a opinião do avô paterno, Marcos, para que ele ajudasse a convencê-los a escolher outros padrinhos para o nosso neto. Também não conseguimos, pois Marcos também comungava com aquela escolha. Markito e Isabelle deixaram bem claro que não escolheriam outros padrinhos, que a definição dos nossos nomes era um prêmio pelo reconhecimento de nossa dedicação demonstrada até aquele momento, bem como a certeza que eles tinham do muito que ainda iríamos fazer pelo Marcos Neto, agora, também, na condição de nosso afilhado. Como o ditado diz que contra fatos não há argumentos, acabamos por aceitar mais esta missão na vida: sermos nós, padrinhos de nosso próprio neto. O reconhecimento dos pais foi muito importante para o nosso ego. Mas o prêmio nós já havíamos recebido com a chegada do nosso neto, pois será sempre um prazer viver tudo o que nos resta desta vida em prol desse ser humano que tantas alegrias nos trouxe com sua chegada ao mundo.

E haja emoção! Durante o batizado, nunca me senti tão próximo de Deus por testemunhar o primeiro sacramento de meu neto; eu não cabia dentro de mim. Orgulho, vaidade, foram sensações pecaminosas que senti naquela hora tão sagrada e sublime em que Marcos Neto estava sendo aceito como membro do Povo de Deus.

Como seus avós maternos e agora também padrinhos, temos consciência de nossas responsabilidades. No momento do batismo pedimos a Frei Justino para consagrá-lo a São José, por ser ele o Santo que dedicou toda sua vida à família e desempenhou como ninguém o papel de pai e protetor.

2

Viagem dos pais

"É graça divina começar bem.
Graça maior é persistir na caminhada certa.
Mas a graça das graças é não desistir nunca."

D. Helder Câmara

Para aproveitar as delícias do inverno gaúcho, em julho de 2001, os pais Markito e Anne Isabelle resolveram fazer uma viagem de quinze dias pelas Serras Gaúchas. Eu e a vovó Gláucia comemoramos pra valer. Parecia até que nós íamos também viajar. Acontece que a nossa comemoração era outra. Adivinha só com quem Marcos Neto ficou durante todo esse tempo? Nem precisa responder. Pensei logo: "Os pais viajando, vou usufruir do meu papel de avô e bagunçar um pouco esta vida rotineira do meu neto".

Foram quinze dias maravilhosos, com passeios diários, brincadeiras e tudo mais. Todo dia eu o colocava para dormir no meu quarto e mais tarde me recolhia ao leito, vendo aquela coisinha fofa ao meu lado. O ambiente ficava repleto daquele perfume gostoso exalado pelo cheiro do seu corpo. Algumas vezes ele chorava um pouquinho à noite e tirava o nosso sono, mas a recompensa vinha no dia seguinte. Ele sempre acordava antes de mim, ficava em pé segurando nas grades do berço e chamando "vovô". Para muita gente isto pode até ser uma coisa muito simples, mas para mim era tudo. Quando eu descobria a cabeça fingindo que estava dormindo, ele caía sentado no berço dando aquela gargalhada prolongada e gostosa, cheia de satisfação ao perceber que me havia acordado. Como é bom curtir esses momentos de plena felicidade propiciada pela pureza de uma criança. Em certos momentos eu fingia que estava dormindo, só para ele chamar "vovô" outras e outras vezes. Quando me sentava na cama, ele estendia os braços me pedindo para passar para a nossa cama, começando aí aquela bagunça matinal que acabava por me atrasar para o trabalho. Tudo isto me conduzia para a certeza de que a felicidade está nos pequenos gestos.

O mais difícil de tudo foi quando do retorno dos pais que o levaram de volta.

Apesar de sua casa ser no mesmo bairro que a nossa e eu poder visitá-lo diariamente, eu sempre me acovardava, evitando assistir ao momento da sua saída lá de casa. Nos dias seguintes me envolvi com o trabalho para não sofrer tanto. Mas quando chegava à noite e ele não estava ali, ao meu lado, confesso que sentia muito a sua falta. Foi por poucos dias, mas a gente se apegou muito rápido a ele. As noites não eram as mesmas. Ficávamos eu e vovó Gláucia olhando um para o outro, vendo aquele berço vazio. O quarto ainda guardava o seu cheiro gostoso; eu inalava aquele perfume imaginário e enchia meu coração de saudades. Minha esposa percebia minha angústia e perguntava carinhosamente: — Está com saudade dele né?

Eu gesticulava com a cabeça e não precisava falar mais nada. O resto vocês já podem imaginar...

3

Vamos a la praia

"O espírito se enriquece com aquilo que recebe; o coração, com aquilo que dá."

Victor Hugo

O seu primeiro banho de mar foi com quase seis meses de idade. Nós o levamos para a praia logo cedo por causa do sol. Depois de exageradamente protegido pelo protetor solar, passou a brincar à vontade na areia com tudo que tinha direito, como marinheiro de primeira viagem. Fizemos uma piscininha e ele participou ativamente de todas as etapas da construção, com muita habilidade, como se fosse um velho conhecido das praias. Na hora de entrar na água, novamente o vovô Isaac, sempre presente nos principais momentos de sua vida, foi o escolhido para lhe dar o primeiro banho de mar. Acostumado na banheira, o marinheiro de primeira viagem colocava água na boca, estranhando o gosto do sal, sabor ainda desconhecido na sua dieta. Ele não teve medo, pulava feito um cabrito nos meus braços, enquanto eu tentava segurá-lo com dificuldade face o efeito escorregadio do creme protetor espalhado pelo seu corpo. Foi muito divertido, tudo era novidade, parece até que estávamos descobrindo juntos aqueles momentos maravilhosos propiciados pela mãe natureza.

Depois do primeiro, outros e outros banhos se sucederam, sempre com aquela mesma emoção. Ele gostou tanto que passei a levá-lo quase que semanalmente para a praia. Gostava da água morna do mar da Praia de Camboinha, em João Pessoa. Ele não sabia, ainda, pronunciar a palavra praia, mas ficava radiante quando eu dizia: "Vamos para a praia?" Ele respondia "papaia" e saía às pressas, correndo para o armário, procurando pegar a sunga.

A pureza de uma criança desconhece o limite da privacidade e muito menos reconhece a propriedade privada. Assim sendo, com seu jeito comunicativo, brincava com todos que estavam por perto, abordava todo mundo, como se todos já conhecesse, principalmente se tinha alguém acompanhado de um "au au". Levávamos sempre os brinquedos de praia, baldinhos e pazinhas, mas não sei porque os brinquedos das crianças ao lado eram sempre mais convidativos... E lá vinha um princípio de confusão que acabava sempre sendo resolvida por eles mesmos, que não falam nada, mas, no fundo, se entendem e se comunicam muito melhor do que nós, adultos.

Ele adorava o ambiente criado pela presença do mar e da areia. O local de natureza abundante enchia de brilho os olhos puros de uma criança que não conhecia o lado perverso do adulto e sua falta de espírito de preservação da natureza, ainda presente, infelizmente, em muitos seres humanos. Aquela criança tão pequenininha parece até que já havia nascido com sensibilidade suficiente para apreciar a beleza natural, reconhecer sua importância e utilidade para o futuro da humanidade.

Procurando sempre estimular o que lhe dava prazer, daí pra frente tantos outros banhos de mar se sucederam, sempre carregados de novas emoções e descobertas, próprio de quem acabara de chegar ao mundo e tinha pressa em conhecer cada momento que a vida lhe havia reservado.

Ir à praia para um bom banho de mar logo cedo já fazia parte de sua preferência. Sempre com o vovô por perto, vendo-o correr pela areia, de um lado para o outro, era fácil deduzir que aquele ambiente representava para ele, mais do que uma diversão, a liberdade. Daquele tamanho, já sentia a necessidade de fugir do ambiente enclausurado dos apartamentos. Seus olhinhos brilhavam quando avistava a água do mar, e ele, imediatamente, começava a fazer movimentos enroscados, tentando se desvencilhar dos meus braços para correr pela areia. Via-se claro nos seus olhos a expressão alegre e feliz de quem estava fazendo daquele momento, um instante de completa harmonia entre o homem e a natureza, momento este às vezes tão difícil de ser entendido pelos adultos e facilmente compreendido e absorvido pela natureza pura de uma criança. A praia, o mar, ele já havia escolhido como sua diversão predileta.

A praia é uma diversão democrática porque nivela as pessoas, tornando-as iguais, em raro momento de lazer. Apesar das casas de praia demonstrarem o estado econômico de cada um, a praia em si é um local ondre pobres e ricos se misturam e se igualam.

4

Um ano de alegria

"Quero compartilhar com você
todos os momentos felizes da sua vida.
Mas o instante difícil que porventura venha a
enfrentar, tenha a certeza de que estarei ao
seu lado."

A comemoração do primeiro ano de vida, em nossa família, é muito importante na vida de cada um de nós; no caso do meu neto, não podia ser diferente. Preparamos uma festa em grande estilo para marcar a passagem de tão importante data.

Seu primeiro aniversário foi comemorado por todos os amigos e familiares no dia 1º de junho de 2001, no salão de recepções Sonho Doce. Como de praxe, a casa foi toda decorada com balões e brinquedos para receber o nosso herdeiro, que chegou conduzido pelos pais, todo cheio de garbo. Ele trajava a sua primeira calça comprida e camisa de manga, que a vovó Gláucia comprou na sua última passagem pela cidade do Rio de Janeiro e guardou durante um bom tempo para serem usados, especialmente, na ocasião. Bonito, como sempre, mas muito sério, parecia um homenzinho, com sua camisa ensacada, cinto e sapato de verniz preto, e uma pose de lorde de fazer inveja a qualquer fidalgo. Deu uma de importante, entrou desfilando o garbo que lhe é peculiar, tirou foto com todo mundo, mas não dava um sorriso para ninguém. Com pose de Rei, procurou sempre manter a sua majestade.

O palhaço chegou, fazendo aquela grande algazarra, como sempre; mas ele, para não perder a postura, pouco se importou com sua presença e continuou sisudo. Tudo ia muito bem, sua majestade estava comportada até demais. Isso era de se admirar. Lá pras tantas ele descobriu o seu brinquedo predileto: a mala do palhaço. Quando ele se virou e viu aquela "coisa" desengonçada, toda pintada, seus olhos brilharam como eu nunca havia visto; parecia que havia um raio de luz cintilante que ligava seus olhos àquele objeto de real desejo. A partir desse momento, nada o conteve. Jogou-se dos braços da vovó Gláucia e saiu correndo em direção à mala, pegou-a nos braços, abraçando-a como se tivesse conquistado um tesouro. Seus olhos brilhavam de curiosidade e de alegria pela grande conquista. Sendo o objeto muito maior do que ele, rodopiou pelo salão, levando várias quedas cinematográficas... Desistir! Bem, esta palavra com certeza não fazia parte do seu vocabulário. Cansado, mas com ares de um grande vencedor, sentou-se como um guerreiro sobre a sua conquista para descansar. Em sua grande semelhança com o pai, o suor lhe caía pela testa umedecendo a franja; com o cabelo todo molhado, o suor escorria também pela nuca; a camisa amarrotada e para fora das calças em nada lembrava o charmoso aniversariante que a menos de uma hora havia adentrado solene pelo túnel do salão de festa.

Criança é assim: pura, original e imprevisiva. Você prepara tudo para surpreendê-la e ela é que surpreende você, quando estabelece sua preferência pela simplicidade, por aquilo que mais lhe toca o coração.

Em casa, quando eu ou o papai Markito chegávamos, ele sempre pegava a pasta e saía cambaleando pela casa; e ai de quem se atrevesse a tomá-la. Era tanta a fascinação dele pela pasta que acabei comprando uma igual a minha para evitar que ele arrastasse a minha pesada pasta pela casa. Durante a festa do seu aniversário, estava ali a sua grande chance de repetir as façanhas de casa.

Depois de tamanha proeza, várias quedas em que o rei se viu vitorioso diante do seu troféu, sentou-se sobre a mala e começou a planejar a etapa seguinte: abrir a mala do palhaço. Curioso, concentrado, ninguém conseguia desviar sua atenção, nem mesmo com um salgadinho, docinho ou um colorido pirulito espiral. Mexia em todos os botões, tentativas frustradas não o desanimavam, desistir nunca, ninguém podia chegar perto, não queria a ajuda de ninguém, estava certo. Afinal, ele tinha um grande desafio pela frente: abrir a mala do palhaço. O tempo foi passando e ninguém o tirava dali. Pensa que ele desistiu? Qual nada, a aventura estava só começando. Mesmo com os ferrolhos emperrados, ele terminou conseguindo seu intento. Agora estava lá. Sua majestade, o rei, sentado no chão, diante do seu troféu conquistado, roupa toda desarrumada, gotinhas de suor pingavam por todo o rosto e pela roupa abaixo, cabelo molhado nas pontas. O desafio estava cumprido, a meta foi alcançada. Abriu a mala e, depois de vasculhar tudo que tinha dentro, nada mais justo que demonstrasse a audácia de sua vitória: sentou-se novamente sobre a mala e decretou a sua posse.

Mais tarde, já descontraído, com fotografias feitas e formalidades sociais cumpridas junto aos convidados, o aniversariante, então, como rei absoluto e dono da festa, começou a quebrar o protocolo, desfilando pelo salão com a camisa para fora da calça, sem sapato, fazendo o que gosta: brincar e aproveitar o lado bom da festa, a descontração. Esta descontração foi tanta que o vovô aqui acabou sendo vítima. Lá pelas tantas, meio cansado, veio para os braços do vovô Isaac. Mostrou-me o copinho com liga em forma de nariz de palhaço, de cor vermelha, e pediu que eu colocasse no meu nariz. Ficou admirando bem de perto o já enorme e modesto nariz aqui do vovô. Ninguém poderia imaginar o que ele estava planejando. De repente, sem que eu pudesse me defender, pois o segurava com os dois braços apertando-o sobre o meu peito, ele retirou rapidamente o meu nariz postiço e, segurando firme a minha cabeça com suas duas mãozinhas, inesperadamente "lascou" uma firme dentada no meu nariz que, com seus dentinhos afiados, não foi fácil desvencilhar. O fotógrafo, que estava atento a todos os seus movimento durante a festa, registrou com habilidade os dois momentos entre a preparação e o "bote" certeiro da dentada, ficando uma foto natural, parecendo até que estávamos fazendo pose.

É claro que depois disso eu procurei me prevenir, pois Marcos Neto achou uma maravilha o seu feito, dando várias gargalhadas, se divertindo pra valer, fazendo outras e outras tentativas de mordidas sobre o pobre e desprotegido vovô narigudo, principalmente quando percebia que estava divertindo o público presente com suas peripécias contra o vovô desprevenido. Foi tudo muito divertido, do meio da festa para frente ele demonstrava total descontração e alegria. Já se comportava como um verdadeiro *gentleman*, falando com todo mundo, distribuindo simpatias e arrancando elogios pela sua desenvoltura diplomática com todos os convidados presentes. E eu, bom... Eu fiquei cheio de alegria e orgulhoso pela desenvoltura do meu neto. Muito, mas muito feliz, mesmo.

5

Segunda viagem dos pais

> "A arte de viver consiste em tirar o
> maior bem do maior mal."
>
> Machado de Assis

Em novembro de 2001, novamente os pais de Marcos Neto, Markito e Anne Isabelle, resolveram fazer uma viagem para Portugal, França e Inglaterra, acompanhados de outros amigos, inclusive o vovô paterno Marcos Souto Maior. Não precisa nem dizer do meu contentamento. Minha alegria era tanta que parecia até que eu era um convidado especial da viagem. Mas a minha alegria era outra muito melhor... Ficamos novamente, eu e vovó Gláucia, encarregados de cuidar do Marcos Neto. Desta vez, com ele mais crescidinho, já dava para aprontar algumas coisas diferentes e meus planos eram mais audaciosos. Por outro lado, agora nós também estávamos mais experientes em tomar conta dele por um período mais prolongado.

Enquanto os pais faziam os preparativos para a viagem, eu fazia, cá comigo, os meus preparativos para os quinze dias com Marcos Neto. Um bom planejamento desta vez seria o ideal para o melhor aproveitamento da permanência do meu neto em nossa casa. Como bom "marqueteiro", planejei nos mínimos detalhes para que tudo corresse bem. No dia anterior à viagem dos pais ele já dormiu lá em casa, porque eles iam sair muito cedo. Nada mal, ganhamos uma noite a mais para afinar a convivência.

Lá em casa meu neto teve sempre o seu espaço permanente, independente de estar ou não conosco. A gente funcionava assim, como uma espécie de plantão de emergência. Quando os pais resolviam dar uma esticadinha na noite, não precisava nem avisar, era só levar o "bichinho". Lá tem o seu quarto, berço, banheira, fralda, produtos de sua dieta alimentar e tudo mais. Vovó Gláucia e eu estávamos sempre de prontidão, como dois escoteiros, sempre alerta e prontos para servir.

Hoje eu já posso até confessar as tantas vezes que tínhamos festas ou visitas programadas, mas, quando recebíamos o telefonema de nossa filha Isabelle dizendo que surgira um compromisso e que precisava deixar Marcos Neto dormir lá em casa, a gente olhava um para o outro, desmarcava tudo e ficávamos com ele. Se é que a gente tinha alguma meta em relação ao nosso neto, esta consistia em fazer tudo por ele e nunca, mas nunca mesmo, dizer não, seja em qualquer situação. Particularmente, eu sempre procurei me esforçar para ter um lugar reservado no coração do meu neto, mas nunca pretendi substituir seus pais. Esta foi sempre a minha grande preocupação.

Na ausência dos pais eu sempre conversava com ele, mostrando que ele estava na casa do vovô e que seus pais estavam viajando; dizia que eles iam voltar e que estavam com saudades. Quando os pais me ligavam eu colocava o telefone no ouvido dele para ele ouvir e até dizer algumas palavras para os pais. Quando eu saía para passear, procurava passar pelo seu prédio para dizer que ali era a sua casa. A minha grande preocupação, na ausência prolongada dos pais, era a de não confundir a sua pequena cabecinha, mostrar que ele tem uma família que o ama muito e que ele vai estar sempre protegido. Além do mais, todos os dias eu mostrava a fotografia da mamãe e do papai e lhe perguntava quem eram; e ele respondia prontamente e com a pronúncia perfeita: "papai", "mamãe". Marcos Neto sempre aprendeu a pronunciar as palavras corretamente. Vovô, por exemplo, ele pronunciava assim, meio que de "boca cheia"; mas o nome "papai" e "mamãe" ele pronunciou sempre com perfeição, destacando cada sílaba. Isto é muito importante: amor de pai e mãe deve ser sempre preservado e priorizado em qualquer situação; que ninguém tente substituir.

Mas, voltando à questão da viagem dos pais.

Uma vez que aquela se mostrava como uma oportunidade única, eu arrumei uma porção de folgas, adiamentos de viagem, etc., tudo para ficar com o neto. A vovó Gláucia, já meio desconfiada, dizia que eu parecia mais um vovô desempregado e devia cuidar mesmo do neto. Apesar da presença da babá, eu estando em casa, dava todos os dias seu banho, almoço, jantar e, é claro, dormíamos no mesmo quarto. O relacionamento estava se afinando cada vez mais, e eu já sentia muito sua falta até mesmo quando me ausentava de casa por poucas horas — o amor era total.

Eu acordava cedo e ficava fingindo que dormia, esperando ele acordar e ficar em pé no berço, só para ouvi-lo me chamar: "vovô, vovô". É claro que eu fingia sempre aquele sono pesado, pois era muito agradável continuar ouvindo aquele som gostoso de vovô, vovô, repetidas vezes. Até que a vovó Gláucia reclamava: — Não faça isso com o "bichinho", Isaac. Pega logo ele.

Assim a festa começava logo cedo, quando ele estendia os braços e pedia para ir para nossa cama. Aí, vinham longos abraços, beijos e, como não podia faltar, "o cavalinho" matinal (pular sobre a minha barriga). Ah, que coisa boa é o bem querer!

Quando se quer bem, tudo é maravilhoso. Eu amo profundamente o meu neto. Um dia, quando ele puder entender as coisas, este livro vai ser o meu testemunho de quanto ele me fez bem. Às vezes fico um pouco preocupado, imaginando que possa até estar explorando sentimentalmente o meu neto com o meu apego e procuro me policiar, criando minhas próprias limitações. Já tentei me afastar um pouco, reduzindo minhas idas à sua casa. Aí me deparo com um telefonema de minha filha Isabelle pedindo para eu ir lá, porque ele não pára de perguntar pelo vovô. Uma vez convencido de que eu também lhe faço bem, então procuro lhe dar ainda mais carinho, para tentar retribuir este bem que ele me faz com sua amizade, ainda que na forma bem infantil.

Novamente, quando seus pais voltaram da viagem fomos buscá-los no aeroporto. Ele, em traje de gala, recebeu com muita alegria o papai e a mamãe, ganhou muitos presentes. Vibrava com a presença dos pais, demonstrando toda sua saudade em forma de carinho. A gente percebia que havia expectativa nos seus olhos e ele entendia o que estava acontecendo. Os pais, de tanta saudade, não esperaram nem as bagagens, correram pelo saguão do aeroporto para aquele abraço cheio de amor. Marcos Neto, visivelmente emocionado, dava aqueles abraços apertados e prolongados na mamãe e no papai.

Nós ficávamos observando tudo aquilo, sentindo-nos felizes e recompensados, ao ver que o filho era o grande elo de união daquele casal. Você percebe que eles vivem em função do filho, com todo amor e dedicação. E é assim que deve ser. O filho que nasce e cresce num ambiente saudável de harmonia e felicidade tem toda uma base sólida para enfrentar as dificuldades que, infelizmente, a vida nos reserva na fase adulta. Mas só o amor é capaz de superar tudo isso. Não participar, estar ausente em fases importantes da criança, achando que, na fase adulta, o filho não vai se lembrar da atenção e do carinho que recebeu (ou não) na infância é muita burrice, é apostar no errado, é arriscar pagar muito caro, no futuro, para corrigir possíveis erros do passado.

Terminada toda aquela recepção, abracei a vovó Gláucia e voltamos para nossa casa, orgulhosos e realizados. Cumprimos o nosso papel. Lá no fundo, demonstrávamos uma pontinha de tristeza, inevitável, pelo afastamento do neto. É uma atitude um tanto quanto egoísta, reconhecemos, mas o que vamos fazer? Quem ama sente falta do outro e nós iríamos sentir muita falta de nosso neto a partir daquele momento. A gente só sente falta do que é bom e do nos faz bem. Este é um preço que temos que pagar — o preço do bem-querer. O importante para mim, e tenho a certeza que minha esposa concorda comigo, é que fizemos tudo isto porque achamos que era importante para nosso neto. Não fizemos nada pensando em recompensa e nem em reconhecimento, apesar de que, tenho certeza, minha filha e seu marido são gratos pela ajuda que sempre lhes damos na educação do menino. Eles sempre demonstram esse reconhecimento em atitudes e gestos.

Encontro com a natureza

"Há quem passe pelo bosque
e só consiga ver a lenha da fogueira."

Anônimo

Em dezembro de 2001, resolvemos diversificar nossos passeios com Marcos Neto. Ele, na rua, começava a apresentar uma grande admiração por animais. Não podia ver um cachorro (au, au), um cavalo, ou uma galinha (cocó), que corria para perto apontando insistentemente para o animal. Como toda criança, ele demonstra verdadeira adoração pelos animais. Então ficamos imaginando: como ele iria se comportar com uma visita ao jardim zoológico? Na dúvida, pagamos pra ver.

Nada melhor do que partir da imaginação para a ação. Eu, vovó Gláucia e a mamãe Isabelle o levamos para visitar o Jardim Zoológico de João Pessoa, conhecido como Parque Arruda Câmara ou "Bica". Local muito bem cuidado, agradável, limpo, com mata nativa, lagos, rios e muitos animais.

Moro há vinte e seis anos na Paraíba, dos quais oito em João Pessoa, e nunca tive despertado o interesse para visitar o

Parque, um dos lugares mais lindos da cidade. Uma vez mais eu me certificava do quanto é importante e renovador a presença de um neto na vida da gente. Ele me fez descobrir algo que estava aos meus pés, e eu não conseguia enxergar e descobrir sua importância. Pensei que estava levando o meu neto para passear no Jardim Zoológico, engano meu. Foi ele que me levou a conhecer um lugar tão lindo; se não fosse ele, provavelmente ainda não teria conhecido o Jardim Zoológico da cidade. Foi necessário a chegada de um neto para que eu abrisse os meus olhos para aquela beleza de lugar.

A ida ao Jardim Zoológico foi emocionante. Ele vibrou com a presença de todos os animais. A cada um ele dedicava o seu olharzinho atento cheio de curiosidade, e perguntas vinham à sua cabeça, as quais ele não sabia expressar com palavras, mas demonstrava no seu semblante alegre que entendia tudo o que a gente estava explicando. O encantamento era uma imagem nítida em seus olhos. Apontava o seu dedinho insistentemente para cada animal diferente que ia aparecendo, querendo chamar nossa atenção para detalhes que somente ele estava observando; cheio de curiosidade por alguma coisa, insistia na atitude para chamar nossa atenção. O jacaré dormindo próximo a água foi observado com a infantilidade e a inocência de quem desconhece o perigo e não acredita no mal. Bastou o animal se mover bruscamente e dar uma rabanada, para Marcos Neto se agarrar ao meu pescoço buscando proteção. Estava sendo entendido ali que tudo tem seu limite. Aquele bicho já seria olhado com uma certa reserva, o aprendizado do bem e do mal já começava a se formar na sua cabecinha. O macaco com suas macaquices arrancou-lhe boas risadas. Os passarinhos coloridos voando de um galho para outro contou com sua admiração especial. A onça pintada, com o seu andar nervoso de um lado para o outro, também não lhe foi muito simpática. A noção de perigo que nunca lhe fora ensinada estava ali, naquele momento, sendo muito bem interpretada com o auxílio da natureza.

Passeamos de charrete, de pônei e de pedalinho no lago. Tudo lindo, maravilhoso, parecia até que nós, adultos, estávamos gostando mais do que ele.

Na verdade, o que estava acontecendo é que nós estávamos nos realizando na sua felicidade. Era uma novidade e uma descoberta para ele; para nós adultos, a oportunidade de matar a saudade ou se perguntar por que nossos avós não fizeram tudo aquilo conosco? Falta de tempo, de oportunidade ou de iniciativa? O avô que não tiver tempo para se divertir com o seu neto está perdendo uma grande oportunidade de se sentir mais gente. Se não conseguir se ver no seu neto, provavelmente não entendeu nada do sentido maior que o Criador reservou para as criancinhas nas suas pregações pelo mundo. Estão lembrados destas passagens bíblicas? "Deixai vir a mim estas criancinhas e não as impeçais, porque o Reino dos céus é para aqueles que se lhes assemelham" (Mateus 19.14); "Em verdade vos declaro: se não vos transformardes e vos tornardes como criancinhas, não entrareis no Reino dos céus. Aquele que se fizer humilde como esta criança será maior no Reino dos céus. E o que recebe em meu nome a um menino como este é a mim que recebe" (Mateus 18.3-5).

O primeiro passeio de barco de Marcos Neto foi dia 27 de janeiro de 2002. Convidamos muita gente para o passeio ficar mais alegre e animado, afinal criança gosta mesmo é da farra. Vovó Gláucia, titia Dany, papai Markito e mamãe Isabelle, todo mundo no barco, fomos para Areia Vermelha, um balcão de areia que aparece a um quilômetro da costa quando a maré está baixa. O local é extremamente agradável e freqüentado pelos amantes da navegação. Nos fins de semana a ilha fica lotada de barcos que lá ancoram para curtir as belezas da natureza. Você pode ficar na própria ilha, em terra firme ou próximo, com água na altura dos joelhos ao lado de seu barco. À medida que a maré vai subindo, você também vai aproximando o barco da ilha até que ela seja completamente coberta pelas águas. O lugar é lindo. Quem duvidar, é só aparecer por lá e conferir; quem já foi afirma que não existe nada igual por este Brasil afora.

Quando Marcos Neto lá chegou, ficou todo curioso, seus olhos brilhavam na luz do sol que refletia das águas ao ver tanta beleza. "Água vovô, água vovô", dizia ele, cheio de admiração. Tão logo o barco ancorou, foi logo se prontificando a descer com sua bóia e descobrir as redondezas. Tudo era novidade, queria ir a todo lugar ao mesmo tempo. Vislumbrado, talvez fosse a palavra mais apropriada para definir o seu comportamento no momento. Como a curiosidade das crianças é infinita, a de Marcos Neto não era diferente; alegre e sorridente, se esbaldou todo e aproveitou ao máximo o momento e o local, com tudo que tinha direito. Como sol em alto-mar não é brincadeira e queima muito, ele foi todo protegido com protetor solar especial, boné e até uma sombrinha foi cravada na água rasa para tentar mantê-lo protegido do sol o máximo possível.

Diante daquela beleza natural única e fantástica, água limpa, mar azul, pode-se ter a certeza de que Deus fala com os homens através da natureza. Estar ali admirando o azul do infinito, sentindo a presença do Criador do mundo, é sempre muito bom. Porém aquele momento tinha algo muito especial — a presença de Marcos Neto, com apenas 1 ano e 8 meses. Estava ele tendo a oportunidade de também participar daquele contato com a natureza, bem a seu estilo; provavelmente estava também confirmando essa presença Divina, através do seu gesto de alegria. Afinal, quem não conseguir sentir a presença de Deus no gesto puro de uma criança, certamente é uma pessoa insensata, dura, fechada e vazia. Para se comunicar com uma criança, temos de ficar do tamanho dela; só assim vamos sentir o quanto somos pequenos diante da grandeza, simplicidade e pureza de seu gesto. É verdade que, como adultos, passamos grande parte de nossas vidas protegendo-os e procurando ensinar o melhor para eles; mas na maioria das vezes, nos sentimos tão superiores diante deles, que não conseguimos enxergar nos seus pequenos gestos os grandes ensinamentos da vida.

A rosa é o maior símbolo da beleza, porém, o caminho para se chegar a ela é cheio de espinhos, mas isto só faz aumentar o seu fascínio. O espinho no caule da rosa é o mecanismo legal de defesa e proteção da sua beleza e fragilidade.

Já estou ansioso para a chegada do verão de 2003. Em janeiro começa o veraneio oficial e vamos repetir tudo novamente; até lá Marcos Neto já estará com quase três anos e vai ficar tudo mais fácil. Se os fins de semana na praia já são bons, imagina o que vamos fazer durante dois meses de veraneio. Vai sobrar história pra contar. Aguardem.

Tudo em nossa vida passou a girar em função do Marcos Neto. Tudo era planejado visando o seu bem-estar. A gente voltava de um fim de semana já pensando o que fazer no fim de semana seguinte. O Marcos Neto estava botando agitação em nossa vida, trazendo de volta alegria de viver e o prazer em cada atividade.

7

A receita do dia-a-dia

> "A diferença entre ouvir e escutar é que para entender o próximo, ouvir não é suficiente, você precisa usar todos os demais sentidos, para tentar compreender as pessoas."

Eu não me canso de dizer, e digo mais pra mim mesmo, que a cada dia me sinto mais perto de Deus. Todas as vezes que senti raiva, ódio, rancor e acabei ofendendo alguém, sofri mais do que o meu desafeto. A calma, a tranqüilidade de espírito tem me trazido mais paz no coração. É certo que às vezes dá vontade de explodir e extravasar todas as minhas mágoas, mas o exercício da moderação e do bom senso tem me proporcionado melhor resultado. A pessoa de coração mau, quando ofende alguém, se sente aliviada e justificada do seu ato; porém esta sensação é um alívio momentâneo, pois, se logo ela tiver necessidade de repeti-lo e isso ocorrer sucessivamente, cria um hábito que vai lhe trazer o chamado mau humor permanente, tornando-a um ser anti-social rejeitado pelos colegas.

Meu neto, inconscientemente, é claro, me ajudou muito nas minhas dificuldades de convivência do dia-a-dia com as pessoas. Já afirmei isto antes, mas na verdade não sei explicar como isto aconteceu de fato — como uma criancinha, sem nenhuma experiência de vida, pôde influenciar tanto meu comportamento como adulto. Eu digo que não sei. Mas um fato não se pode negar no meu caso em particular: meu neto foi o instrumento de Deus para modificar o meu temperamento social, que não era dos piores, mas podia melhorar, como de fato melhorou bastante.

A verdade é que sempre tive em Deus o meu maior aliado de todas as horas e de todos os momentos. Como todo mundo, sempre clamei por Ele nos momentos de angústia e dificuldades, mas nunca deixei de agradecer-lhe nos momentos de alegria, de vitórias e de sucesso. Agradeço mais do que peço, não que não tenha mais nada a pedir, mas, sim, por ter muito a agradecer. O meu envolvimento com trabalhos comunitários, movimentos religiosos e serviços paroquiais me ajudaram muito a compreender as verdadeiras prioridades e a agir de acordo com meus valores nos mais diferentes papéis de minha vida. Até mesmo minha produtividade profissional e pessoal aumentou muito, me trazendo paz interior, qualidade de vida e equilíbrio emocional.

Imagine ser autêntico e sincero como uma criança. A criança quando mente ou é levada a mentir age diferente do adulto. Ela não mente para enganar ninguém, ela mente para se proteger. Imagine também para você uma vida mais organizada, com muita paz e tranqüilidade. Imagine equilibrar seus compromissos com mais dedicação, sendo eles os compromissos de esposo, pai ou mãe, chefe, orientador, voluntário de algum trabalho ou amigo. Imagine para você um local de trabalho que seja proativo em vez de reativo, onde o enfoque e a orientação não deixam espaço para crises, estresse e frustração. Imagine. Mesmo que seja em forma de uma fantasia, imagine e tente torná-la a realidade de sua vida. Você vai conseguir. Porque a força necessária para isso não está longe, está dentro de você mesmo. É só buscar coragem e arrancá-la de dentro de si — essa força que até você mesmo desconhece, mas que existe. Você vai se surpreender com a sua capacidade de mudar, basta ter vontade, basta agir.

Procure melhorar sua vida em casa e no trabalho. Cuide com mais carinho e dedicação das coisas que são importantes para você e para as pessoas que você ama, e daquelas que necessitam ou dependem de você. Dê o melhor de si em qualquer ocasião — essa é a maior realização que você pode proporcionar a seu ego. Seja você mesmo em todos os momentos: autêntico, equilibrado e seguro. Você vai descobrir que dentro de você existe uma pessoa digna de ser admirada.

Não é tarefa fácil, mas descobrir suas habilidades e seus valores é o seu principal papel neste teatro que é a vida, sua principal missão aqui na terra. Segundo o futurologista Alvin Tofler, "os analfabetos do próximo século não são aqueles que não sabem ler ou escrever, mas aqueles que se recusam a aprender, reaprender e voltar a aprender".

Planejar seus dias harmoniosamente, com objetivos e metas bem definidos, para que você consiga ser na profissão aquilo que você é como pessoa. O equilíbrio entre o pessoal e o profissional dará a receita certa da harmonia e da filosofia do bem-viver.

Ter sempre uma atitude de empatia diante do próximo. Agir com coerência e consciência, proporcionando constante paz interior. Pensar, refletir em cada atitude tomada, medir as conseqüências que dela possa resultar sobre o seu próximo é o básico na arte do bom senso.

O degrau da escada não foi colocado para repouso, mas apenas para sustentar o pé durante o tempo necessário para que o homem coloque o outro pé em um patamar mais alto, deixando evidente que não há distância que não se desfaça diante da persistência da caminhada. Assim, devemos aproveitar o momento presente; ele é o único ponto em que podemos reparar o passado e construir o futuro. Vamos encontrar tempo para Deus... *Ele, sim, é o único investimento que dura uma eternidade.* A gente vive sempre se lamentando, dizendo que Deus não escuta a nossa pergunta, mas a realidade é exatamente ao contrário: *"nós é que não ouvimos as suas respostas".*

Amar consiste em escolher, com responsabilidade, as palavras e atos que tragam o bem maior e a felicidade de todos os envolvidos. O amor é a melhor música da partitura de nossas vidas. Sem ele seremos eternos desafinados. O amor supera nossas dificuldades da vida, soluciona nossos conflitos, revigora e dá força à nossa vida, cria espírito de cooperação, repara nossos erros, nos enche de confrança, reanima a alegria do nosso coração, traz paz, une e acolhe todos os seres num verdadeiro sentimento de empolgação e fraternidade. "Ainda que eu falasse a língua dos homens e dos anjos, se não tivesse amor, seria como o bronze que soa ou como o címbalo que retine". (I Coríntios 13:1).

A sua realização não depende somente do dinheiro que se acumula durante toda uma vida, mas, sim, da sua capacidade de responder a esta pergunta: *"O que eu fiz para deixar este mundo um pouco melhor... qual foi a minha contribuição?"*. E por falar em contribuição, posso dizer que no início da minha vida eu vivi muito omisso quanto às minhas obrigações para com meu bom Deus. Porém, em 1972, participei da criação do Movimento Eureka de Brasília (Movimento de Jovens Cristãos), juntamente com meu grande amigo Lusinardo, meu ídolo religioso Dom Geraldo de Ávila, hoje, para nosso orgulho, o Arcebispo Militar do Brasil, irmã Graciliana, Fadinha e tantos outros que ainda estão vivos na minha memória e atuantes no movimento. Antes de me mudar de Brasília para o Estado da Paraíba, coordenei vários encontros e tive a honra de ser o primeiro presidente do Movimento Eureka que, ainda hoje, depois de quase trinta anos, se encontra muito bem estruturado e sendo útil à juventude brasiliense. Dentro do Movimento Eureka tive várias experiências que alicerçaram minha vida para sempre. A primeira delas foi, sem dúvida, o meu casamento com Gláucia, minha querida esposa e amiga de todas as horas, hoje a queridinha vovó Gláucia do Marcos Neto. O nosso casamento, em 1975, foi o primeiro a ser realizado na Catedral de Brasília. Não que fosse assim um casamento tão importante, é que era proibido realizar casamentos ali em função da visitação turística e Dom Ávila "ajeitou as coisas", pela nossa atuação dentro do Movimento Eureka. A segunda grande experiência foram as amizades conquistadas durante os encontros e embasadas pela presença do Espírito Santo. Uma amizade firmada diante de Deus é como o Sacramento do Matrimônio, pois Deus funciona como elo de união entre as pessoas, fortificando e solidificando o relacionamento. Lembra-se sempre de um amigo, esteja ele onde estiver, pela emoção Divina que marcou aquele momento de ligação. Tenho várias amizades que nasceram assim; e para não discorrer aqui uma relação infinita de nomes, vou citar, como exemplo, Dom Geraldo de Ávila e Lusinardo, pessoas que nem o tempo e nem a distância nos separou.

Acredito que tenho muita coisa para contar para meu neto e amigo Marcos Neto, mas isto implicaria falar muito de mim, e este livro é dedicado a ele. Assim sendo, quem sabe numa próxima oportunidade, ou talvez em um próximo livro eu possa falar mais da minha experiência de vida e tentar contribuir com os leitores através de testemunhos e depoimentos.

Santa semana

*"Amar é sentir falta de quem está longe
e querer ficar junto de quem está perto.
É estar junto de milhões de pessoas
e sentir falta de uma."*

O feriado da Semana Santa é sempre prolongado para quem aproveita para viajar. Foi isto mesmo que aconteceu com os pais de Marcos Neto; emendaram o feriado com o resto da semana e viajaram por uns dez dias. Quando o grupo de amigos da minha filha começou a planejar a viagem, vi logo que seria demorada. Uns dias no Rio de Janeiro para visitar meu filho Bruno, depois todo mundo se encontraria em São Paulo para curtir a Fórmula Um, que ocorreu em março de 2002.

Novamente, para nossa alegria, Marcos Neto se hospedou lá em casa até o retorno dos pais. Já com praticamente dois anos, falando quase tudo que era importante, muito ativo, para não dizer muito levado, pensei comigo mesmo: "Acho que esta temporada vai ser bem mais divertida que as outras". Planejei logo vários passeios pela cidade, visitas a casas de amigos, calçadão da praia toda tarde, muita curtição em casa para fixar ainda mais a nossa amizade e o nosso relacionamento de confiança mútua.

Nem preciso dizer que foram dias maravilhosos que terminavam sempre com o vovô levando-o para dormir mais tarde, já cansado de tantas atividades novas. Como a amizade é um prato que deve ser deliciado todos os dias, a nossa estava sempre crescendo, em puro relacionamento de afeto por alguém a quem se ama muito. Procuro sempre atitudes que demonstrem que ele pode confiar em mim, cumprindo sempre tudo que prometo. Mesmo sabendo que se trata de uma criança inocente, respeito a sua vontade e procuro criar limitações para educá-lo e prepará-lo para as possíveis dificuldades que possa vir a enfrentar no futuro.

Aproveitamos também o feriado da Semana Santa, fizemos uma viagem à cidade de Natal de sexta a domingo. Vovó Gláucia organizou tudo com muito carinho para não faltar nada da sua dieta, e lá fomos nós para o Hotel Pirâmide, levando também o velocípede, mais conhecido por "Bibi", brinquedos, além, é claro, de um berço para os momentos de descanso e repouso do pequeno príncipe. Muita brincadeira, piscina e curtição. Não foi a sua primeira viagem para um hotel fora da cidade, pois já havia viajado com o papai Markito e a mamãe Isabelle, mas tenho certeza que ele aproveitou bastante. Conosco foram também a tia Naide e a priminha Maria Eduarda. Por coincidência, lá também estava o vovô Marcos com sua esposa Fabíola e a titia Adélia, de 5 anos, que no início não estava gostando nada dessa história de ser titia e preferia mesmo ser chamada de prima. Muito justo; afinal na idade dela ainda não se entende bem essa relação hierárquica de tia e sobrinho, e o bom mesmo é ser uma priminha amiga para brincar e curtir o lado bom da infância.

Impressionou-me, em particular, a forma com que Marcos Neto procurou aproveitar a viagem: quando não estávamos na piscina, ele não parava, correndo no "Bibi" pelos corredores enormes do hotel. Na recepção há um amplo salão com um grande tapete. Quando ele viu aquele espaço, não pensou duas vezes: pegou o "Bibi" e começou a dar cavalo-de-pau, freadas e tudo mais, arrancando gargalhadas dos turistas que se acomodavam nos enormes sofás espalhados pelo saguão. Tudo ia muito bem. De repente chegou um grupo de pilotos e comissárias na recepção do hotel, cheios de bagagens de mão. Uma comissária loira, magra, com seu penteado estilo alemão, que logo chamou a atenção de todos por sua altura, adentrou arrastando sua maleta de bordo. Quando Marcos Neto viu aquela cena, parou e fixou seu olhar em direção da comissária, seus olhos brilhavam, a maleta era igual a do vovô Isaac, que ele rodopiava o dia todo pela casa. Ele não conversou, saltou do "Bibi" e foi direto para a comissária, que já se encontrava no meio do grupo preenchendo os papéis de entrada no hotel. Com uma mão ele segurou a alça regulável da mala e com o dedo indicador da mãozinha esquerda tocava na enorme perna da comissária de bordo, olhando para cima, quase caindo de costa (de tão alta que era a mulher) e dizendo insistentemente:

— É do vovô, viu! — repetia ele.

— Me dá, é do vovô viu! — insistia ele.

A comissária, muito educada e vendo a insistência do menino, se abaixou e, dando-lhe toda atenção, procurou conversar com ele, apesar de demonstrar não estar entendendo nada do que estava acontecendo. No menor descuido da comissária ele pegou a mala e, arrastando-a com dificuldade devido ao peso, se dirigiu direto para onde eu estava. Foi incrível. As pessoas do saguão do hotel observavam curiosos o desenrolar da cena, ele arrastando com dificuldade uma mala maior que ele, chegou perto de mim e disse:

— Oh, vovô. A sua mala que a moça pegou — afirmou ele todo cheio de orgulho pelo feito apontando o dedinho em direção a recepção do hotel e largando a mala ali a meus pés retornando inocentemente para o seu "Bibi".

Como eu estava acompanhando tudo atentamente, desde o início da cena já previa o que iria acontecer. Como percebi que ele não estava incomodando ninguém, deixei todo o fato se desenrolar sem interrompê-lo para não frustrar sua criatividade; afinal, no seu entender, ele estava me devolvendo o que me pertencia. Foi uma seqüência de cenas indescritíveis. Pena que não tínhamos uma filmadora para registrar aquele momento cômico e único.

Uma viagem é sempre muito educativa, não importa a idade da criança. Marcos Neto aprendeu várias palavras novas como viagem, mala, passeio, hotel, etc. Porém, o mais importante para mim como avô e companheiro de todas as horas, foi o fato de ele ter, nessa viagem, aprendido a pronunciar a palavra "amigo". Sempre que eu perguntava "o que o vovô é?", ele respondia prontamente: "amigo". Como nós sempre tivemos uma relação de carinho, respeito e dedicação, no futuro ele deverá, mais facilmente, relacionar a palavra "amigo" com este tipo de atitude e comportamento sincero que eu preservo com ele.

9

O apelido da vovó

> "A pureza da infância
> é o livro da sabedoria
> que o adulto esqueceu na viagem."

Nessa mesma viagem a Natal, por ocasião do feriado da Semana Santa, resolvi fazer uma brincadeira para alegrar ainda mais aquele ambiente descontraído de passeio em família. Como eu brincava sempre com ele pelas dependências do hotel, sem que a vovó Gláucia percebesse comecei a ensiná-lo a chamar a vovó Gláucia de "véia". Assim, depois de vários ensaios e de muito bem preparado, eu perguntava:

— Marcos Neto, o que o vovô é?

Ele respondia prontamente:

— Amiiigo — prolongando bastante o "i".

Quando eu fazia a pergunta em relação à vovó, questionando:

— E a vovó, o que ela é?

Ele prontamente respondia **"é véia"**. Esta brincadeira se repetiu muitas vezes, em vários momentos diferentes. Posteriormente, nem precisava perguntar; ele olhava para a vovó Gláucia e dizia "véia" e, já sabendo que estava fazendo algo errado, saía correndo em minha direção ou se escondia, tentando se proteger. Dizendo sempre a palavra "véia" com aquele ar de deboche, o danadinho já entendia que estava fazendo molecagem.

De um certo tempo para cá, já próximo dos dois anos, ele foi entendendo mais a traquinagem do seu ato e, quando a vovó estava por perto, ele se negava a chamá-la de "véia". Medo ou respeito, mas sempre com o ar cheio de graça e charme, ele procurava fazer a política da boa vizinhança e se dar bem com todo mundo, no que ele está muito certo por ser o melhor princípio da boa convivência. O interessante a ressaltar é a habilidade política já bastante evidenciada no "danadinho": quando a vovó Gláucia estava por perto e alguém perguntava sobre o apelido da vovó, ele respondia prontamente balançando o dedinho indicador direito, invertendo a ordem da frase: "digo não", e não adiantava insistir, pois ele respondia cada vez mais alto e ríspido: "digo não!".

Mesmo quando vovó Gláucia estava por perto, eu, já como seu cúmplice na brincadeira de apelidar a vovó, acabava conseguindo arrancar momentos hilariantes. Às vezes, porém, quando eu insistia na pergunta, sentindo-se ele protegido com minha presença e numa atitude de confiança e verdadeira cumplicidade, pegava carinhosamente o meu rosto com as duas mãozinhas e cochichava no meu ouvido:

— É véia, vovô, viu. A vovó é véia.

Aí eu fazia de conta que ele não tinha me contado nada, e ele achava uma maravilha essa nossa cumplicidade, me abraçava sorrindo sorrateiramente e olhando com um olhar que misturava malícia e infantilidade para a vovó, como se quisesse dizer: "eu não disse nada não, viu?" Era muito divertido. Ele adorava brincar de chamar a vovó de apelido. Esta cena se repetia várias vezes, sempre com muitas gargalhadas e correrias, com medo das falsas ameaças de repreensão da vovó.

O tempo foi passando e Marcos Neto foi ficando cada vez mais gaiato. Chegava lá em casa com a babá e já ia batendo na porta e gritando "abi, abi véia". Vovó Gláucia, lá de dentro, demorava abrir só para ouvi-lo repetir carinhosamente o seu apelido. No fundo ela adorava ser chamada de "véia" pelo neto. Quando abria a porta, ela brigava, fingindo que estava zangada, e ele se divertia pra valer. A vovó Gláucia, que de "velha" não tem nada (aliás, é uma vovó "enxuta", jovem, alegre, bonita e vitaminada), na verdade adora o apelido que recebeu carinhosamente do neto.

Como já relatei no início do livro, desde cedo notei que eu e Marcos Neto tínhamos uma cumplicidade. Senti que ele gostava muito de mim e eu... Ah! eu nem sei dizer o que sinto por ele: amor, muito amor. Nossa amizade foi sempre crescente e senti que ele confiava muito em mim. Tanto que, quando eu o decepcionava, todo mundo notava que ele ficava mais "sentido" com um "não" do vovô do que com o de outras pessoas da família. Este "não" soava para ele como uma amizade não correspondida, causando frustração, e este era sempre o meu cuidado. Todo mundo poderia decepcionar, mas o vovô Isaac, não.

Num desses fins de semana que ele passava em casa, eu saí sem levá-lo — o que é muito raro, pois ele fica no meu pé, me vigiando o tempo todo dentro de casa para eu não sair sem ele.

Assim sendo, estava Marcos Neto ansioso pela minha chegada e ao menor barulho corria para a porta gritando pelo meu nome. O nosso vizinho, tocou a campainha do meu apartamento para falar comigo, e o menino prontamente correu até a porta, cheio de alegria, gritando "vovô", "vovô". Quando a porta foi aberta... decepção total! não era o tão esperado vovô Isaac. De cabeça baixa, cara fechada e resmungando, nem olhou para o vizinho, que reparou sua decepção e tratou logo de fazer uma brincadeira para tentar minimizar a situação.

— Pensava que era o vovô, hem? — exclamou o vizinho, enquanto ele continuava de cara fechada, resmungando e de cabeça baixa, olhando para o chão, com as mãozinhas para trás, já dando as costas para a visita.

O vizinho, vendo logo que ele estava decepcionado, procurou puxar conversa, perguntando:

— E sua vó, está?

Ele não titubeou e respondeu na "lata", com outra pergunta:

— A véia?

O vizinho não se agüentou e caiu na risada, admirando a presença de espírito do menino, mesmo diante de toda aquela situação constrangedora. Sabendo de minha paixão pelo meu neto e embaraçado pela situação que havia causado, meu vizinho pegou logo o telefone e me ligou contando tudo que havia acontecido. Para não decepcionar ainda mais o meu querido neto, voltei para casa o mais rápido que pude. Afinal eu tenho consciência que ele sente minha ausência, principalmente quando está hospedado lá em casa, pois se acostumou a ficar sempre muito perto de mim.

10

Vocação para piloto

"A esperança é o sonho do homem acordado."
Aristóteles

Como toda criança que se preza, Marcos Neto é louco por carro. No seu caso há uma particularidade muito especial, ele é "vidrado" em carro. Reconhece os carros do pai, mãe, vovó, vovô, tios e amigos mais próximos pela cor e, o que é mais importante, pela marca. Adora ficar horas e horas ao volante de um carro, brincando de motorista, e faz um som característico com a boca, como se estivesse acelerando. Ninguém da família chega perto dele de carro sem escapar de dar uma voltinha pelo quarteirão. Disso ele não abre mão, sob pena de demorados momentos de choro e pirraça. Com apenas um ano e meio ele já pegava a chave, abria a porta do carro, colocava a chave na ignição e ligava o carro sem a ajuda de ninguém. Todo o cuidado é pouco — junto dele, carro deve estar sempre na trava de marcha e freio de mão puxado; de resto, é só ficar por perto para, depois que ele sair, fazer uma verdadeira inspeção do tipo desligar botões.

Ele está sempre se deliciando ao folhear revistas com fotos de carros. Se aparecer uma foto de automóvel da cor ou marca de alguém do seu relacionamento, aponta logo e diz: carro do papai, do vovô ou da mamãe. O mesmo acontece quando estamos passeando pelas ruas e ele identifica logo a marca e a cor dos carros relacionados com os das pessoas de sua convivência. Isto mostra sua capacidade de memorizar objetos pela cor e pelos adesivos da marca.

Para tentar desviar um pouco sua atenção dos carros de verdade, em 31 de março de 2002, dei a ele, de presente antecipado de segundo aniversário, um carro de brinquedo, tipo esporte conversível, com tudo que ele tem direito: pedal, volante, buzina, etc. Coloquei vários adesivos como os que aparecem nos carros de F-1, e o carro ficou todo incrementado. Foi um sucesso total! Marcos Neto adorou, tem um cuidado todo especial pelo carrinho e ninguém pode chegar perto que ele reclama logo. Com um carro de brinquedo ele pode imitar a realidade, e o que é melhor, gastando muita energia por toda casa, sem frustrar sua paixão pelos automóveis. Numa atitude totalmente adulta, ele senta-se diante da televisão, assiste com toda a atenção necessária a uma corrida de carros, participando ativamente dos lances, pegas e torcendo nas ultrapassagens.

11

O circo chegou

> "A simplicidade é o último
> degrau da sabedoria."
>
> Gibran

Certa vez, passando próximo à praia, vi um circo se instalando, com uma programação voltada para animais e palhaços. Olhei o circo erguendo sua enorme lona colorida e, no mesmo instante, uma imagem me veio à mente: Marcos Neto. Parei o carro e fiquei observando todo aquele movimento. Em uma fração de segundos passei o filme da minha infância de criança pobre, que vibrava com a chegada do circo na pequena cidade do interior de Goiás. Comecei a refletir o quanto o circo ainda estava presente nas minhas lembranças de menino que não tinha dinheiro para pagar o ingresso, mas que sonhava estar ali dentro, vendo aquele mundo de fantasia e cores. Minha criatividade era do tamanho do meu sonho e eu arrumava logo uma maneira de me aproximar do pessoal do circo e fazer amizades, trazendo água, oferecendo meus serviços de vizinho. Enfim, o que eu não admitia era estar fora daquele mundo de magia — em último caso, quando minhas outras tentativas fracassavam, tentava até mesmo passar por baixo da lona e assistir ao espetáculo, todo orgulhoso da minha aventura.

Continuei a imaginar como o circo tinha sido importante para mim. E como seria agora, cinqüenta anos depois, com modernas tecnologias, com tantas mudanças nos conceitos de diversão e educação, com tantas formas diferentes de as crianças brincarem? Mesmo assim, ali estava o circo, fascinando e levando alegria para milhões de crianças. E eu continuei refletindo: por que a imagem do circo ainda estava tão presente nas lembranças de um adulto como eu?

Eu ouvi certa vez um depoimento do comediante Renato Aragão, o Didi dos Trapalhões, afirmando que "enquanto existir uma criança no mundo, o circo terá seu espaço garantido". É verdade. A magia do circo parece que já está dentro das crianças.

Logo que o circo começou a anunciar o espetáculo, lá estava eu, todo orgulhoso, pronto para levar o meu neto e proporcionar-lhe momentos de alegria. Ninguém precisou lhe explicar o que era aquilo; ele viu e percebeu logo que era coisa de criança. Com menos de dois anos, nunca tinha ido a um circo, mas demonstrava que entendia tudo que ali estava acontecendo. O palhaço lhe arrancava enormes gargalhadas e os animais despertavam admiração e interesse. Era fantástico observar o brilho nos seus olhos com a presença dos animais; às vezes um pouco de receio fazia com que ele me abraçasse mais forte, mas sem tirar por um instante sequer o olhar sobre tudo que se passava no picadeiro. Com os animais dóceis ele demonstrava carinho, coragem para se aproximar; os animais ferozes o deixavam apreensivo. A girafa veio comer cenoura na sua mão — oh, que coisa fantástica! Ele passou meses e meses demonstrando como a girafa havia comido cenoura na sua mão.

E ali estava eu, satisfeito, revivendo a memória de uma criança feliz, com o meu neto no colo. A vida me presenteava com a oportunidade única de estar, naquele momento, revivendo toda a emoção de minha infância de criança pobre, mas hoje feliz e adulto realizado, podendo servir de exemplo para meu neto.

Sempre que aparece um novo circo pela cidade, eu levo prontamente Marcos Neto, que continua participando com o mesmo entusiasmo de sempre. Agora já um pouco mais familiarizado com o espetáculo e já com quase três anos de idade e uma boa memória seletiva, ele se lembra com facilidade dos circos anteriores e já arrisca até alguns comentários comparativos de sua preferência. Existe uma coisa que é sempre igual, mas fascina qualquer criança: o palhaço, alegria do circo. A gente assiste a uma porção de piadas sem graça, mas que ficam interessantes e arrancam enormes gargalhadas pela maneira própria de cada um de interpretá-la.

O circo sempre foi uma grande família, apesar de um pouco adaptado pelas tecnologias da vida moderna e pela eletrônica — como jogo de luzes e som —, o circo ainda mantém o básico que é a criatividade do espetáculo e o desafio humano. Na minha infância, quando o circo ficava todo instalado, a companhia saía pelas ruas da cidade desfilando com seus artistas e animais, para o delírio do público que aplaudia das portas e janelas. A gente ia várias vezes e assistia ao mesmo espetáculo com o mesmo fascínio e encanto, como se estivesse ali pela primeira vez. As moças deliravam com o sucesso e a habilidade dos trapezistas e malabaristas. Faziam planos sonhando em abandonar tudo e ir embora com o circo pelo mundo afora.

12

Uma comédia teatral

"O importante não é tanto o que você diz, mas, sim, como você diz."

Andei procurando um outro título para este episódio e não encontrei. Uma comédia teatral, uma encenação digna de fazer inveja a qualquer ator, é isto que ocorre todas as vezes que meu neto tem que cortar o cabelo. Desde o primeiro corte, que ocorreu por volta dos seis meses, que a coisa ocorre em um verdadeiro cenário de teatro — o "danadinho" dá um trabalho daqueles. O acontecimento é uma verdadeira encenação, uma comédia. Assim como no teatro, com cada um assumindo seu papel específico na interpretação da peça, se faz necessária a presença de várias pessoas se revezando para consumação do ato. Quando a interpretação do participante não é suficientemente convincente para mantê-lo quieto, a fim de que seja possível a execução do ato, o corte de cabelo acaba saindo pela metade.

O "espetáculo" é marcado com muita antecedência, para ser feita a preparação de todo o aparato requerido. Como eu fui participante desde o primeiro corte, estou sempre escalado para os seguintes, me tornando assim, o protagonista do espetáculo. No início, com os primeiros cortes, ele somente se esquivava, não dando a menor oportunidade para o cabeleireiro executar seu trabalho. Com o passar dos tempos ele foi crescendo e, para nossa surpresa, ao invés de melhorar, foi ficando cada vez pior, mas difícil e bravo.

Apesar do salão ser especializado em cortes de crianças, as dificuldades eram tantas que resolvemos levar o cabeleireiro para cortar o cabelo em casa. Por ter uma área grande, aberta e ventilada, o local escolhido foi a casa do vovô Isaac. Prepara-se o cenário, convidam-se os atores e marca-se a data do espetáculo (cortar o cabelo) com o cabeleireiro. Alguém segura Marcos Neto nos braços e os demais começam a fazer alguma coisa na tentativa de chamar a sua atenção, distraindo-o para que seja feito o tão sonhado corte de cabelo. É impossível relatar com palavras, só filmando para ver o que acontece. Ele esperneia, pede ajuda a um, estende os braços para outro, chora e quando vê que ninguém está do seu lado, começa a pedir socorro.

— Socorro! Socorro! — grita ele, como se estivesse numa situação de perigo.

É um momento indescritível. Todos começam a rir, então ele olha sério para o cabeleireiro, coloca as pontas dos dedos da mão direita sob a palma da mão esquerda e diz:

— Tempo. — O que corresponde à atitude adulta de "Dar um tempo". Todos dão gostosas gargalhadas e ele repete o gesto com as mãos dizendo:

— Tempo, tempo.

De tanto convencê-lo de que ele deveria colaborar ficando quieto, certa vez ele estava até calmo quando o rapaz iniciou o corte. Ficou quieto e não reclamou. A certa altura ele virou para o cabeleireiro e disse:

— Tá bom. — Como quem quer dizer: "já agüentei muito, se você não terminou o seu trabalho, o problema é seu".

O rapaz fez que não ouviu e continuou a cortar o cabelo. Ele olhou novamente para o cabeleireiro e, até ainda muito educado, repetiu:

— Tá bom. — A esta altura já era para o bom entendido saber que era seu segundo aviso. Após alguns segundos, vendo que sua reclamação não estava sendo atendida, ele olhou bem sério para o cabeleireiro, quase encostando o nariz no seu rosto, soltou um baita grito bem arrastado:

— Páaaaaaaaaaara!

Aí não deu para segurar e caímos todos na risada. Foi incrível aquele momento. Pena que a gente não estava filmando, senão daria "um vídeo cacetada" pra Faustão nenhum botar defeito. Como ele está sempre aprontando das suas, se eu me lembrar de mais uma eu volto a contar.

13

Dois anos de alegria

"A vida é uma contínua caminhada em direção a si próprio, quanto mais cedo você se encontra, mais fértil será sua vida; quanto mais tarde isso acontece mais tarde você descobre aquele "eu" que você poderia ter sido."

O 1º de junho de 2002 foi o segundo aniversário de Marcos Neto. Os pais Markito e Anne Isabelle combinaram não festejar, deixando para fazer uma comemoração maior quando ele estiver com três anos e já mais esclarecido, em condições de escolher e convidar seus amiguinhos. Mesmo não havendo uma grande festa, como ele merece, é sempre uma grande data. Apesar de eu só poder falar por mim, tenho certeza que a chegada de Marcos Neto trouxe alegria a todos da família, aos parentes e amigos. E tanto para mim quanto para o vovô Marcos e as vovós Gláucia e Kátia a data precisa ser comemorada — afinal ele é nosso primeiro neto.

Apesar de não haver festa, é claro que vovó Gláucia, especialista no assunto, preparou um bolinho de aniversário, só para não passar em branco. Afinal, a data era muito especial: dois anos de convivência com nosso neto. Porém, se formos analisar bem, especiais têm sido todos os dias das nossas vidas desde que ele chegou para nos alegrar.

Embora o visite diariamente, a véspera de seu aniversário foi uma ocasião muito especial para mim. Eu o peguei nos braços, como sempre, ele tirou meus óculos (que às vezes o incomoda) e me abraçou forte. Fechei os olhos, voltei-me bem para dentro de mim e fiz a seguinte pergunta: "O que eu vou pedir a Deus, amanhã, no seu segundo aninho?" Pensei, pensei... e decidi pedir a Deus muita saúde, paz e alegria, para ele crescer feliz. Se Deus lhe conceder a graça de receber esses dons, o resto ele conseguirá naturalmente. Pois quem tem saúde, paz de espírito e alegria, terá força para conseguir tudo mais que desejar.

Continuando nessa linha de pensamento e na minha reflexão com Deus, comecei a imaginar que, naquele instante, Ele tivesse um tempo determinado para me escutar, para ouvir minhas preces. Como se Deus parasse tudo que estava fazendo e me dissesse com todas as palavras: "Estou pronto para ouvi-lo. Você tem agora toda a minha atenção. Peça o que você quiser". Nesse instante, eu usaria todo esse tempo somente para agradecer. Estou consciente e convicto de que não tenho o direito de pedir mais nada, pois já recebi muito mais do que mereço. Vou me lembrar principalmente de agradecer o dom da vida, o mais precioso dos dons. Foi através de nossas vidas que Deus nos premiou com filhos e netos, fazendo se realizar a sua profecia maior: *"Ide povoar o mundo. Crescei e multiplicai"*. A chegada de Marcos Neto é, para nós, a certeza que

Deus sabe que criamos nossos filhos no amor e no seu ensinamento.

— Olha, Marcos Neto, eu e sua vovó Gláucia alcançamos, entre outras, duas grandes graças com a sua chegada: a de sermos seus avós e a de sermos seus padrinhos. Nós o batizamos em nome do Pai, do Filho e do Espírito Santo. Você ainda não sabe, mas um dia vai entender a grandeza desse ato. Nós fomos os responsáveis pelo seu ingresso no Povo de Deus.

Como este livro foi escrito um pouquinho a cada dia — pois os fatos iam ocorrendo e eu sentava ao computador para registrá-los —, quero contar que, quando Marcos Neto completou seu segundo aninho, eu me recordei do momento de seu batismo. Frei Justino, na Capela do Batalhão de Engenharia, me perguntou como queríamos que ele fosse consagrado. Para ser sincero, naquele momento eu me arrepiei todo. Meu coração disparou de emoção e me lembrei do papel de José na vida de Jesus Cristo e de Maria de Nazaré. Eu não titubeei e respondi imediatamente:

— Consagre Marcos Antônio Souto Maior Neto a São José.

Sabe por quê? São José fez um papel lindo dentro do mistério da Santíssima Trindade. Foi pai dedicado, obreiro e protetor, sempre trabalhando no anonimato. Em nenhum momento ele questionou a gravidez de Maria. Portanto o Santo protetor de Marcos Neto é São José.

Dirigindo-me diretamente a meu neto eu diria: "Quando você estiver maiorzinho e se interessar em pesquisar sobre a vida de São José, não vai encontrar muita literatura disponível.

Até mesmo na Bíblia, São José foi um santo muito esquecido pelos Evangelistas. Assim sendo, existem poucas citações no Novo Testamento que registram sua passagem. Mas dizem os entendidos que ele é um santo muito fiel aos seus devotos. Por isso eu e vovó Gláucia, seus avós paternos e padrinhos, que muito amamos você e queremos que seja muito feliz, o escolhemos para ser o seu Santo Protetor. Hoje, no seu segundo aninho, como fazemos todos os dias, estamos rezando de maneira especial para São José, pedindo a sua santa proteção para você".

14

Carinho e atenção, sempre

"Não esconda os seus sentimentos.
Diga sempre para as pessoas o quanto elas
são importantes para você.
Isso pode não curar, mas alivia muito."

Uma criança não nasce com maldade no coração. A maldade ela desenvolve em função da convivência que tiver durante o seu crescimento. Portanto, é muito importante que saibamos orientar a educação de nossos pequenos.

O mais importante dentro do lar são os exemplos das pessoas que convivem com as crianças. E aí entra todo mundo: parentes, empregados, amigos e, principalmente, os pais, que são, na verdade, o seu espelho. Se os pais discutem, as crianças ficam apreensivas, apavoradas, aflitas. Elas vão refletir, no futuro, o meio ambiente em que foram educadas. Engana-se quem não admitir que uma criança presta atenção a tudo que ocorre dentro de casa. Elas escutam tudo e estão atentas aos mínimos detalhes.

Só para ilustrar esta afirmação, certa vez, numa das muitas visitas que eu faço a meu neto, levei comigo meu filho Christian Bruno, que mora no Rio de Janeiro e estava passando uns dias conosco. Lá estávamos nós, Bruno, Anne Isabelle e, é claro, Marcos Neto. Depois de muitos papos, o menino brincava "distraidamente" no seu velocípede (Bibi) pelo quarto. O telefone tocou e sua mãe foi atender, enquanto ele continuava brincando despreocupadamente, imagino. No meio da conversa ao telefone, Isabelle disse para a amiga que precisava desligar porque estava de saída para a casa de seu pai (minha casa). Bastaram estas palavras para o distraído e brincalhão do velocípede se levantar correndo, ir ao quarto, pegar a sandália e voltar meio ofegante pedindo para calçá-la, pois ia para a casa do vovô. Isto é só para lembrar aos adultos que as crianças estão atentas a tudo o que você diz e faz dentro de casa. Hipocrisia seria ignorar a inteligência e perspicácia de uma criança.

Criticar e apontar erros são atitudes instintivas em pessoas amargas, rancorosas e descontentes com a vida. As palavras mágicas são lindas: *por favor, com licença, obrigado* e principalmente, *desculpe-me*. Estas expressões têm o dom de transformar nosso dia devido à entonação, vibração e otimismo. Um elogio, quando dito com carinho, sem falsidade, tem o poder de recarregar nossas energias, trazendo-nos estímulo de viver. É raro uma pessoa não reclamar quando sente que foi maltratada. As pessoas se sentem no direito e no dever de relatar a sua insatisfação por terem sido maltratadas; o descontentamento leva-as à luta pelo direito de serem tratadas dignamente. A pessoa ofendida só vai parar de reclamar quando tiver esgotado todas as suas mágoas e ressentimentos.

E como está a nossa atitude em relação às crianças que convivem conosco sob o mesmo teto? Será que todos se preocupam em elogiar quando a criança acerta, ou nos limitamos a reclamar quando erram? Será que paramos para observar nossos filhos em casa e lhes dedicamos tempo com habilidade, humildade, demonstração de satisfação e estímulo no reconhecimento de seus acertos? A criança também luta contra o erro; ela está sempre atenta para acertar. Mas no momento em que ela consegue acertar, em que vence o erro, o medo, você está lá para elogiar?

Você se lembra de ter chegado em casa algum dia e seu filho ter lhe mostrado com orgulho e satisfação algo que ele fez de bom? É claro que você elogiou, não é possível que tenha feito diferente. O mais importante não foi o que ele lhe disse, mas, sim, o que ele quis lhe dizer com aquilo: "eu acertei". Ainda que ele volte a cometer o mesmo erro, é preciso ver aí a sua iniciativa e tentativa de acerto. A criança nem sempre faz coisas erradas de propósito. Será que nós já paramos para raciocinar que também esta criança pode não saber o que é certo ou o que é errado?

É importante saber elogiar. Assim como a esposa se sente reconhecida ao receber o elogio do marido e filhos acerca da comida deliciosa que preparou para a refeição, a criança também deve ser sempre estimulada quando evolui nas suas conquistas. É essencial elogiar uma criança para que ela tenha motivos para melhorar e se esforçar, além de reforçar sua segurança, auto-estima e personalidade. Todo mundo gosta de receber elogios. Quando se elogia a pessoa amada, ela se sente feliz por ter sido notada e, sendo assim, seu ego estará valorizado, transformando-o em reciprocidade. Quando um chefe elogia um funcionário está criando nele um desejo cada vez maior de progredir, de aceitar desafios, reconhecendo a sua fidelidade. Lembro aqui a frase do grande presidente John Kennedy: "O sucesso tem muitos pais, mas o fracasso é órfão".

Por ser oportuno para o tema do momento, vou incluir abaixo um poema que recolhi nos bancos de uma igreja; desconheço o autor, mas achei de suma importância para o meu aprendizado pessoal e o coloco como sugestão para os meus leitores. Afinal, a soma das boas experiências de vida é que se torna exemplo para aqueles que virão depois de nós. Ruim é não deixar nada plantado, ignorando os que virão para nos suceder, não deixar nada de exemplo, quando recebemos tanto dos nossos antecessores:

Se a criança vive com críticas
Ela aprende muito cedo a condenar.
Se a criança vive com hostilidade,
ela aprende a agredir.
Se a criança vive com zombarias e críticas,
ela aprende a ser tímida, introvertida.
Se a criança vive com humilhação,
ela aprende a se sentir culpada.
Porém,
Se a criança vive com tolerância,
ela aprende a ser paciente.
Se a criança vive com incentivo, motivação,
ela aprende a ser confiante.
Se a criança vive com retidão,
ela aprende a ser justa.

Se a criança vive com elogios,
ela aprende a apreciar.
Se a criança vive com aprovação,
ela aprende a gostar de si mesma.
Se a criança vive com aceitação e amizade,
ela aprende a encontrar amor no mundo.

Alguém já disse, e eu não me lembro quem, que para o derrotado e o invejoso dói muito mais o sucesso dos outros do que a sua própria desgraça. Na verdade, o verdadeiro cristão é aquele que se alegra com o sucesso do irmão e procura imitá-lo, tirando daí o melhor aprendizado. Segundo as leis de Jesus Cristo, o cristão não se realiza sozinho. Só é possível crescer se você levar seu irmão junto. Em suma, você não se salva sozinho; é no próximo que você consegue a sua salvação. Você pode até crescer e ficar num patamar bem mais alto do que seus irmãos — o que é muito justo, porque pode significar a recompensa pelo seu esforço, pelo seu trabalho —, mas o que você não pode se esquecer é da pirâmide humana que ficou embaixo para sustentá-lo lá em cima.

Não sou um sábio nem muito filósofo, mas acho que a vida me privilegiou com bastantes conhecimentos e já me obriga a repassá-los para a alguém. Sábio não é somente aquele que aprende tudo com facilidade, mas acima de tudo, aquele que ensina tudo que sabe aos outros com habilidade e humildade, sem querer se sobrepor aos demais; muita gente tem um grande volume de conhecimentos, mas poucos sabem repassá-los com habilidade. Mirem-se nos exemplos dos grandes mestres.

Preocupo-me muito com a educação do meu neto, e me sinto responsável por ele como avô e padrinho. Vou dizer para ele tudo que julgo que fiz de bom e acertei, mas vou conscientizá-lo, também, das coisas que fiz pensando que era o certo e acabei errando. Vai ficar com ele o discernimento do melhor caminho a escolher entre o certo e o errado. É importante que ele decida por si mesmo; a nós cabe apenas orientar, estimular e incentivar. Fazer com que ele olhe sempre pra frente, mas que não esqueça o passado, usando-o para corrigir e melhor orientar seu futuro.

Marcos Neto vai ter a certeza de que eu estarei sempre ao seu lado, pensando nele, esteja eu onde estiver. Quando ele já puder ler este pequeno livro que escrevi com muito carinho, contando um pouco da sua história e da nossa amizade, ele vai ter a certeza de encontrar aqui somente palavras motivadoras que tirei de dentro do meu coração, pesadas, medidas e muito bem temperadas com uma forte dose de amor. E incorporando ao meu pensamento aquele poema de Douglas Malloch, eu pediria a meu neto para ter fé e confiança em suas atitudes, procurando sempre ser o melhor em tudo que for possível, lembrando sempre:

Se você não puder ser um pinheiro no topo da montanha,
seja vegetação rasteira no vale... Mas seja
a melhor vegetação rasteira à beira do regato;
seja arbusto, se você não puder ser árvore.
Não podemos ser todos capitães,
é preciso ser tripulação;

aqui há trabalho para todos.
O empreendimento é grande, mas o menor
também espera ser feito.
Nossa tarefa deve ser a que estiver ao nosso alcance.
Se você não pode ser auto-estrada,
Seja apenas uma trilha.
Se você não pode ser o sol,
Seja uma estrela.
A vitória ou o fracasso não se determina pela dimensão;
o que importa é ser o melhor naquilo que você puder.

15

Vida, vivida e dividida

"Viver e não ter a vergonha de ser feliz..."

Gonzaguinha

Os tempos mudaram, ainda bem, para melhor, claro. Hoje não se admite mais uma atitude egoísta liberada, sem sofrer críticas da sociedade participativa. Os espaços estão cada vez menores para pensamentos isolados. É a era da comunidade, da participação de todos. Se você tem um negócio, qualquer que seja, não sobrevive sozinho, pois depende de outros para que o seu funcione. Esta dependência cria o comprometimento de todos no sucesso de cada um. Sozinho você não é ninguém. Até se você for rico, vai depender do pobre para continuar rico. A necessidade de se levar uma vida mais produtiva para garantir o futuro dos seus sucessores está forçando o homem a pensar mais socialmente. Fazendo aqui uma reflexão muito pessoal, será que estamos chegando naquele grande momento do encontro dos pontos extremos que vai provocar o fechamento do círculo da vida?

A desigualdade econômica que separou e distanciou os homens durante tanto tempo estaria, agora, unindo-os na luta pela sobrevivência? Quem souber se apoiar no desenvolvimento coletivo terá maiores chances de sucesso. Quem insistir na individualidade vai ficar assistindo as oportunidades passarem como um trem-bala pela sua vida. A globalização chegou e está mostrando que você tem de ser forte para lutar pelo seu espaço, agir sozinho é burrice pura. Não se envergonhe de perguntar e pedir ajuda. A era da auto-suficiência já acabou — melhor seria que nunca tivesse existido. A verdade é que todo mundo deve ficar atento à oportunidade, não se pode ficar mais alheio a nada, é a "era da comunicação e dos relacionamentos". O dia só tem vinte e quatro horas. Temos que viver cada uma delas como se fosse a única. Chega de egoísmo, você sozinho não é ninguém. Estou lutando e fazendo a minha parte para contribuir com este mundo novo, um mundo de pensamentos e ações mais participativas. Não quero ficar parado, vou dar o meu grito de alerta: *quero um mundo melhor para o meu neto*, só assim eu posso descansar em paz, com a certeza do dever cumprido. "Jesus Cristo morreu com os seus braços abertos para que nós não ficássemos com os nossos cruzados."

Faça a sua parte, mas não se contente só com isso. Estimule os que estão à sua volta para o acompanhar, forme grupos e juntos seremos mais fortes; é a união de esforços a força do pensamento coletivo.

Esperamos demais para fazer o que precisa ser feito em um mundo que só nos dá um dia de cada vez, sem nenhuma garantia do amanhã. Enquanto isso, lamentamos que a "vida é curta", como já dizia o meu amigo Arlindo Alves. Agimos como se tivéssemos à nossa disposição um estoque inesgotável de tempo.

Esperamos demais para dizer as palavras de perdão que precisam ser ditas, para pôr de lado os rancores que devem ser expulsos dos nossos corações, para expressar gratidão, para dar ânimo, para oferecer consolo.

Esperamos demais para sermos generosos, deixando que a demora diminua o prazer, a satisfação e a alegria de dar espontaneamente sem ser cobrado.

Esperamos demais para sermos generosos com os outros.

Esperamos demais para sermos pais de nossos filhos pequenos, esquecendo quão curto é o tempo em que eles são pequenos, quão depressa a vida os faz crescer e ir embora. Ah! que saudade do tempo que eu podia pegá-los nos braços e apertá-los contra o meu peito.

Esperamos demais para dar carinho aos nossos pais, irmãos, filhos, amigos e, por que não dizer, de maneira toda especial aos nossos netos. Quem sabe o amanhã seja tarde demais.

Esperamos demais para ler os livros, ouvir as músicas, ver os quadros que estão esperando para alargar nossa mente, dar brilho aos nossos olhos, enriquecer nosso espírito e expandir nossa alma.

Esperamos demais para enunciar as preces que estão dentro dos nossos corações esperando para atravessar nossos lábios e invadir os ouvidos dos nossos irmãos, para executar as tarefas que aguardam para serem cumpridas, para demonstrar o amor que talvez nem seja mais necessário amanhã.

Esperamos demais nos bastidores, quando a vida tem um papel muito especial para ser desempenhado no palco para uma platéia ávida e desejosa de suas palavras.

Deus também está esperando nós pararmos de esperar. Esperando que comecemos a fazer hoje, agora, tudo aquilo para o qual este dia e esta vida nos foram dados.

Eu sinto uma enorme saudade da minha infância, com meus pais e meus irmãos; sinto saudades dos meus filhos pequenos, da harmonia do nosso lar, de nós nos misturando e brincando de ser criança junto com eles, rolando e caindo pelo chão, pelas camas com lençóis desarrumados em um domingo de algazarras. Mas o tempo passou e devemos saber viver cada etapa de nossa vida. Ficam as recordações, e que recordações! A vida por si só já é uma experiência gratificante, cheia de surpresas e desafios. É bom ver nossos filhos crescerem, acompanhando e curtindo cada etapa da vidinha deles.

O carinho que tenho pelo meu neto é resultado dessa experiência maravilhosa que eu recordo com saudade. Esta saudade não vem carregada de mágoas, decepções e arrependimentos; muito pelo contrário, vem carregada de boas lembranças e de experiências fantásticas. Meus filhos cresceram e me deram muita alegria, pois continuam sendo ótimos filhos. Às vezes sinto vontade de colocá-los no colo e me emociono ao ver as fotos que registrei mês a mês, ano a ano de suas vidas. Não há nada de errado em se viver de lembranças, desde que estas lembranças sejam prazerosas e carregadas de exemplos para o futuro. É bom, é muito bom, é hora de viver.

A chegada de Marcos Neto foi para a nossa família como um sonho de amor. Aquele sonho que a gente só se dá conta que sonhou depois que acorda e fica aquela vontade de continuar dormindo para tentar sonhar mais um pouquinho, mesmo sabendo que é uma fantasia, que é apenas um sonho. Mas como disse o mestre Chico Xavier, "a vida é constituída nos sonhos e concretizada no amor".

Assim como eu tenho meu neto em um lugar muito especial do meu coração, todos nós temos que procurar ter pessoas importantes em nossas vidas, para tentar fazer desta vida uma existência mais humana, mais próxima do próximo; ter pessoas que são um sonho ou que nos façam sonhar. Um sonho pelo qual a gente dormiria por toda uma existência. Você pode procurar também por pessoas que são estrelas, luzes que brilham, enfeitam e iluminam com sonhos o lado escuro das noites de nossas vidas. Existe também a possibilidade de encontrarmos com pessoas que são flores, que alegram e embelezam os caminhos que trilhamos durante toda a nossa caminhada. Para mim, Marcos Neto é tudo isso e mais alguma coisa que eu não consegui definir... Porque ele é simplesmente o amor. Um amor em forma de criança que adoça a alma e perfuma a minha vida. Um amor que desabrochou como a rosa, num dia de sonho lindo que eu não quero esquecer jamais.

O relacionamento afetivo entre um adulto e uma criança é muito diferente do relacionamento entre dois adultos. Para a criança você tem que se doar sempre e se vigiar para não ter uma atitude de cobranças e retribuições em forma de carinho. Esse carinho virá sempre de modo muito natural e espontâneo, mas de acordo com sua maneira infantil de agir e corresponder. Somente ela escolherá o momento oportuno e a forma de retribuição, sem cobranças. Se a criança às vezes não lhe dá a atenção que você espera, não significa que ela já não goste mais de você, pois naquele momento ela pode estar com a atenção voltada para outro assunto de seu interesse e que você nem imagina qual seja. Você não é a única coisa importante para ela ou na vida dela. A criança possui também sua escala de valores. Se porventura houver um lapso momentâneo de atenção por parte dela, fique calmo, não a corrija nem exerça uma cobrança autoritária. Você, como adulto, não deve recuar nesse momento; deve, ao contrário, ficar ali do lado, junto, mostrando que ela, a criança, é importante. Só assim você vai aumentar o grau desse relacionamento, e ela passará a confiar ainda mais em você. Esta é a minha opinião, adquirida agora depois da convivência com meu neto. Ele é importante para mim e eu lhe digo isso com palavras e, acima de tudo, com atitudes. Não cobro dele essa importância. Vou sempre preenchendo seus espaços com atenção e carinho, dizendo sempre que sou seu amigo e que ele é importante para mim; demonstro que ele pode confiar em mim, mas mostro também o que é perigoso e o que é arriscado para ele.

Um outro fator que me preocupa muito é nunca tolher seu relacionamento com outras crianças de sua idade. Às vezes chego ao prédio aonde ele mora e o encontro brincando com outros coleguinhas. Neste momento ele corre para mim, abandonando seu ambiente natural. Sinto-me vaidoso por sua preferência, mas não tiro ele dali — o máximo que faço, às vezes, é ficar ali com ele. Eu quero e procuro ser seu amigo, mas quero que ele cresça se relacionando com outras pessoas da sua idade, do seu mundo. Quando está comigo, eu não o levo para ver ou fazer coisas de adulto, para não queimar etapas da sua infância e nem correr o risco de amadurecê-lo precocemente. Eu o levo para ver coisas de criança, e me torno criança como ele naquele momento. O importante é você descer a seu nível e com ele se comunicar na sua linguagem.

Assim sendo, eu não me sinto menos amado quando não tenho a sua exclusiva atenção — respeito suas prioridades e procuro sempre mostrar que gosto dele em qualquer circunstância. Não cobro sua atenção nem mesmo em brincadeira; deixando à sua livre escolha, estarei colaborando para a formação de sua personalidade. Só assim eu me vejo como seu amigo. Afinal, ele sempre diz que o vovô é "amigo". E se ele não sabe ainda o significado desta palavra, cabe a mim, que fui intitulado por ele de amigo, mostrar-lhe com atos e atitudes seu significado no relacionamento entre dois seres humanos.

Alguém poderia até não entender por que um homem com mais de cinqüenta anos quer uma criança como amigo, tendo oportunidades infinitas de se dedicar mais em outros níveis e conquistar amigos de sua idade, pessoas importantes, influentes. Em princípio, para mim, amigo é uma conta que só tem adição. Uma coisa não impede a outra. Nós podemos ter amigos em qualquer idade. A amizade é um relacionamento mais profundo entre duas pessoas que se querem bem e se respeitam.

Hoje é muito comum você fazer amizades por influência de outras pessoas ou por conseqüência de atividades, circunstâncias, etc. A verdadeira amizade é aquela escolhida por você e aceita pelo outro, independente de circunstâncias, influências ou outra coisa qualquer. Ser amigo do meu neto, por certo, foi uma escolha minha; mas quando ele crescer e puder agir com consciência, também vai decidir se quer ser ou não meu amigo. Mas não é necessário você dizer para o outro que quer ser seu amigo — seja seu amigo e pronto! Demonstre sua amizade através de atitudes reconhecidas de amizade e aguarde a reação do outro, sem cobranças de reciprocidade. Se você cobrar, já deixou de ser amigo. O "dar" é uma medida da qual cada um tem sua própria noção de tamanho e proporção. Você, ao considerar, às vezes, que recebeu relativamente pouco em troca do que deu, tem que entender que o pouco, por sua vez, também é uma medida de quem recebe. Aquilo que pareceu "pouco" para você, pode ter sido "tudo" para quem doou. A grande verdade é que cada um só dá aquilo que tem, e o medidor do volume é o coração de cada um. Se o coração está cheio, você dá muito, se o coração está vazio, você não tem o que dar. Jesus Cristo, enquanto viveu aqui entre nós como um ser humano mortal, foi o maior exemplo disso. Pobre, sofrido e perseguido, só possuía o manto que lhe cobria o corpo, mas com o coração cheio de bondade para dar, deu aquilo que tinha em abundância: amor. Mas quando os pecadores ainda achavam que isto era muito pouco, pois queriam dele a força de um guerreiro e o poder de um exército, Ele, já abatido, cansado e sacrificado de tanto dar amor, acabou dando a única e preciosa coisa que ainda lhe restava: a vida.

Visitar amigos

"Egoísmo é você estar em um grupo querendo que as coisas aconteçam como você deseja. Se todos agissem dessa maneira, ninguém se sentiria feliz."

Marcos Neto, agora já com dois anos, está naquela fase prazerosa. É bom sair com ele porque já entende tudo, aprecia a presença de pessoas, fala muito, sorri, é simpático com as pessoas e, acima de tudo, faz aquelas palhaçadas que todo avô pede para o neto fazer, sem deixá-lo passar por mentiroso.

Existe uma fase na vida da criança em que ela faz uma porção de coisas engraçadas em casa e, na maioria das vezes, por inibição, não consegue repetir as façanhas na presença de estranhos, fazendo você "passar vergonha", no dizer dos mais antigos. Daí é que deve ter surgido aquele ditado que diz: "Em criança e papagaio você nunca pode confiar."

No caso de Marcos Neto este ditado não funciona porque o "danadinho" está sempre disposto a fazer suas "papagaiadas", esteja onde estiver. Assim sendo, meu neto nunca envergonhou o vovô, o que me permitia deitar e rolar, contando vantagens para meus amigos sobre suas façanhas, porque ele nunca me deixava na mão; o que se pedia para ele fazer, ele fazia "na lata", sem envergonhar ninguém.

Sempre adorei passear com meu neto nos fins de semana. Ficava planejando com antecedência, buscando o que fazer para sair da rotina e incrementar a diversão. Praia era sempre o passeio predileto dele, mas nem sempre se tinha clima e maré adequada para um banho de mar, sem falar na questão da conveniência do horário por causa dos raios solares. O banho de mar era sempre muito cedo e curto, por orientação médica. Na hora de sair da água o choro era grande; pela vontade dele, passava-se o dia inteiro na praia. Ele corria, brincava e chegava em casa "morto de sono". Outro passeio de sua preferência é no *Shopping Center*. Estar em local movimentado, cheio de gente, é sua realização total. A preferência pelo passeio no *shopping* aparentemente é o mais fácil de atender, exceto pelo fato de ele querer pegar tudo que vê de interessante dentro das lojas, além de subir em todos os brinquedos do *Game Station*.

Certa vez, em um desses passeios, estava em exposição uma espécie de aquário com muitos peixes coloridos, espécies raras como cavalo-marinho, moréia e ferozes tubarões de todos os tamanhos. Entrar foi fácil e difícil foi convencê-lo a sair lá de dentro depois de várias horas. O curioso é que ele olhou tudo com muita atenção, como é peculiar à curiosidade de uma criança. Mas ele ficou verdadeiramente fascinado pelo enorme tubarão com seus movimentos rápidos e sua impaciência dentro do aquário. Por mais que alguém insistisse, ninguém conseguia tirá-lo lá de dentro; ele estava admirado com tanta beleza natural —

aquilo, sim, era a grande novidade, o desconhecido, a aventura. Tentamos todos os tipos de negociação com outras opções de coisas que sabíamos que ele gostava; quando se pegava em sua mão para tentar sair, ele sentava no chão e encerrava o assunto. As pessoas começaram a ir embora e já se notava a impaciência das atendentes querendo encerrar o expediente e fechar as entradas, e nada de Marcos Neto sair da frente do grande aquário dos tubarões. Era como se ele dissesse "me deixa ficar aqui, você já conhece tudo, mas para mim isto é novidade, eu estou aprendendo, eu preciso conhecia, admirar, respeite a minha vontade". Porém, como ele ainda não conhecia esse vocabulário todo, quando eu ameaçava tirá-lo de lá, ele se virava para mim com aquele olhar "pidão" e dizia na sua linguagem arrastada:

— "Péra" aí, vovô!

Dentro do *shopping center* ele se comporta como se conhecesse todo mundo, fala com quem passa por ele, pára, aborda as pessoas com perguntas, é um verdadeiro diplomata se comportando como um verdadeiro "bam bam" da comunicação. Você já imaginou acompanhá-lo em um dia de *shopping* cheio? Dá para imaginar a verdadeira confusão que ele apronta? Alguém pode até imaginar que estou exagerando, mas é verdade.

17

Um torcedor fanático

"Dai à criança o caminho que ela deve seguir e, crescendo, ela nunca retrocederá."

Similles

A abertura da Copa do Mundo de Futebol de 2002 ocorreu dia 1º de junho daquele ano, exatamente no dia do segundo aniversário de Marcos Neto. Quando o Brasil estreou jogando contra a Turquia, no dia 3 de junho, ainda estávamos em clima de pós-comemoração do seu aniversário.

Como bom brasileiro Marcos Neto também madrugou para torcer pela nossa seleção. Por incrível que pareça, aquela situação de alegria, euforia e muita animação antes e durante os jogos combinou perfeitamente com as estripulias e espírito festeiro do pequeno torcedor, que logo entrou no clima todo uniformizado de jogador. Festa é com ele mesmo.

Como não poderia deixar de ser, eu comprei logo um *kit* completo do uniforme da seleção para ele, que vestia a roupa, empunhava uma bandeira e pulava gritando: "Brasil, Brasil". (É claro que o *kit* do Fluminense ele recebeu logo que nasceu; afinal, eu, seu pai Markito e mamãe Isabelle somos tricolores de coração.) O espírito esportivo e o bom gosto estava em sua alma desde pequenininho.

E assim começou a sua trajetória esportiva durante todos os jogos da primeira fase, com o Brasil passando pelas oitavas, pelas quartas, pela semifinal até chegar à finalíssima, jogando contra a tricampeã Alemanha num jogo emocionante, sempre com aproveitamento total. O importante de tudo isso é que estava nascendo naquele momento um novo torcedor da Seleção Brasileira, cheio de entusiasmo e disposição. O ambiente provocado pela Copa do Mundo, com decoração em verde e amarelo pelas ruas, não podia ser melhor. Jogos, muita alegria, muita gente dentro de casa era tudo que o menino queria. Ele entrou na onda pra valer e vibrava quando saíamos para passear e encontrávamos carros enfeitados com a bandeira do Brasil. Era uma verdadeira farra. Como todo brasileiro, Marcos Neto teve um entusiasmo crescente em relação à Copa do Mundo, na medida em que o Brasil também ia conquistando suas vitórias e se classificando para a grande final. É impressionante a facilidade que ele teve de absorver o espírito patriótico, o orgulho com que pronunciava a palavra Brasil quando via os jogos pela televisão. Eu senti como se estivesse passando para ele a incumbência de continuar sendo o elo da forte corrente brasileira que vibra com cada conquista nossa lá fora.

Os jogos finais da Copa do Mundo Marcos Neto assistiu na nossa casa, visto que os papais Markito e Isabelle viajaram para a Argentina, juntamente com o vovô Marcos, Fabíola e outros amigos, para curtir o inverno na neve da cidade de Bariloche. Uma vez hospedado na casa do vovô Isaac, acordávamos sempre juntos para ver, curtir e torcer pelo Brasil. Foi de fato uma nova e grande oportunidade para curtirmos juntos o primeiro grande momento do esporte brasileiro no novo milênio. Deus novamente me concedeu a graça de estar junto de uma pessoa que amo muito, o meu neto, naquele momento tão especial para todo o povo brasileiro que foi a conquista, pela quinta vez, do campeonato mundial de futebol.

Por tudo isto e muito mais é que me considero um homem totalmente realizado na vida e, agora mais do que nunca, com dois "marcos" para me orgulhar: o Pentacampeonato Mundial de Futebol e um neto de dois anos que já faz parte da nova geração de brasileiros pentacampeões.

Tudo é motivo de alegria, e alegria é a marca registrada na face de cada criança que é criada com amor e carinho pelos seus familiares. Uma criança só se irrita quando é provocada por um adulto que, na maioria das vezes, não entende a sua linguagem ou perde a paciência com facilidade. Se você quiser descobrir a pureza de um ser humano é só você olhar para o seu lado criança, que foi a forma original com que Deus o concebeu no mundo. Aí, sim, você verá a perfeição da criatura isenta de maldade — uma criança é um ser humano perfeito. Infelizmente seu comportamento vai mudando, à medida que ela vai crescendo e absorvendo as imperfeições da vida, e as dificuldades vão evoluindo quando surge a necessidade de ampliar seu leque de relacionamento com o meio em que vive. Daí, a definição mais correta que encontramos hoje é a de que o ser humano é um produto do meio. Ele interage com o meio, modifica o meio segundo a sua conveniência, mas sofre a influência desse meio que, por sua vez, também modifica seu comportamento ao longo de sua vida.

São João na fazenda

> "Você deve ser a mudança
> que quer ver no mundo."
> M. Ghandi

A festa mais tradicional do povo nordestino é, sem dúvida, o São João. A tradição por aqui é se deslocar para o interior e curtir uma verdadeira festa junina com um forró pé-de-serra. Todos os anos juntam-se os amigos e surgem os convites com diversas alternativas. Alguns vão para a Cidade de Patos, outros para Santa Luzia, duas cidades do interior da Paraíba que fazem uma grande festa junina.

Em 2001, fomos para a cidade de Patos com Marcos Neto, Markito e Anne Isabelle, além de outros amigos. A festa foi muito boa e animada, mas como Marcos Neto acabara de completar um ano, ele não aproveitou quase nada e a gente notava que ele não entendia bem o que estava acontecendo.

Porém em 2002 foi muito diferente. Programamos passar o São João na Fazenda Santana, de propriedade dos amigos Carlos e Keila, que fica a 16 quilômetros de Campina Grande.

A fazenda funcionou como nossa base de apoio, pois passávamos o dia nas festas da Vila Forró e a noite no Parque do Povo em Campina Grande. A Fazenda Santana, com sua sede muito agradável e com vários animais, foi o local ideal para se curtir o verdadeiro São João na roça, sem ter de abdicar do conforto necessário e apreciado por todos. As noites eram muito frias, o que tornava a ocasião propícia para se tomar um bom vinho na enorme varanda da casa, cheia de redes por todos os lados, depois de chegar, altas horas da madrugada, dos festejos do Parque do Povo, na cidade que tem a merecida reputação de "Maior São João do Mundo". Convidamos também para curtir conosco as delícias da fazenda os amigos Daniel Targino e Cercina, que é claro, também não perderam a oportunidade de levar o herdeiro Daniel Filho, já com três anos, e que foi a companhia ideal para brincar com Marcos Neto.

Na noite de sábado, 22 de junho, fomos todos para o famoso Parque do Povo, curtir o autêntico São João. Marcos Neto deu logo o seu show particular ao ouvir o toque da sanfona e o repique da zabumba. Entrou na ilha do forró (*dancing*) e não se intimidou com a presença dos adultos: "mandou ver" um animado forró pé-de-serra, meio desengonçado, o que é próprio de uma criança, mas com muito ritmo, mostrando autenticidade nas suas origens. Apesar do nosso ponto predileto ser a barraca do Saloon Bar, circulamos por todas as barracas do parque, cumprimentando velhos amigos e recordando o tempo em que morávamos em Campina Grande, participando ativamente de todas aquelas festividades juninas que retratam a alegria, a espontaneidade e as raízes do povo nordestino. Tenho certeza de que Marcos Neto vai crescer conservando e honrando as tradições do povo do Nordeste. É como diz o meu povo lá de Goiás: "este cabra da peste não nega as suas raízes, como um autêntico Paraíba".

Foi um fim de semana prolongado e muito agradável. As festas estavam lotadas de turistas forrozeiros, e o Parque do Povo cada vez mais organizado e agradável.

Porém uma coisa me chamou muito a atenção: a alegria e o entusiasmo do meu neto, por tudo que o cercava na fazenda. Logo no primeiro dia, antevéspera do São João, ele acordou disposto a descobrir tudo que existia de agradável na Fazenda Santana. Todo cheio de curiosidade e criatividade, já se pode imaginar que não foi tarefa muito difícil. Eu, como um vovô coruja e fã incondicional do meu neto, tratei logo de acordar cedo também, pois não perderia por nada desse mundo a aventura de Marcos Neto pelos arredores da casa grande. A cada ponto que descobria ele vibrava de alegria pela sua grande conquista. Ninguém precisou lhe mostrar nada, pois sua curiosidade se encarregou de direcioná-lo. Com atitude escandalosa e barulhenta, descobriu logo um casal de ganso; em seguida encontrou o galinheiro das galinhas de Angola, não menos barulhentas e assustadas com a presença do pequeno visitante; depois, os patos no tanque de água e assim por diante. Travou logo um bom relacionamento com o casal de ganso, para quem levava pedaços de frutas e recebia a bicada por entre a tela de proteção. Todos ficavam admirados com a coragem do menino, pois qualquer outra criança, em situação semelhante, correria logo com medo da bicada do ganso; ele, ao contrário, se divertia pra valer, dando boas gargalhadas.

Adorou o viveiro dos passarinhos, lugar predileto que fica logo na entrada do jardim da casa grande, onde ele sentava e ficava a observar por horas e horas o cantar e o pula-pula das aves. Ao final da tarde o vaqueiro recolhia as ovelhas e o gado passando em frente à casa da fazenda, o que transformava este momento em algo muito especial para o pequeno visitante e admirador das coisas boas da natureza. Seus olhos vidrados brilhavam de admiração, e parecia até que a emoção prendia por instantes a sua respiração ao ver cada animal que passava à sua frente. Andou a cavalo e não teve medo. Olhava para o animal sem receio, mostrando que entendia sua utilidade, num perfeito elo de comunicação facilitado pelo gesto carinhoso da criança.

Foi um fim de semana gratificante. Foi tão bom que já deixamos reservado com os nossos amigos e proprietários, Carlos e Keila, o próximo São João em Campina Grande.

Se for verdade que o verdadeiro cristão se realiza no seu próximo, eu, naquele momento, estava me sentindo totalmente realizado por ter proporcionado toda aquela alegria e descobertas para meu neto.

Alguns dias antes de nossa ida para a fazenda, apesar de ter planejado tudo com antecedência, fiquei ansioso, parecia uma criança sonhando com aquele momento; eu sabia que meu neto ia gostar e que seria muito bom para ele aquele contato com a natureza. O fim de semana junino foi maravilhoso, tudo deu certo. Os amigos que lá estavam se completavam em harmonia. Porém, uma coisa principalmente valeu por toda a minha vida: a felicidade estampada no rosto de Marcos Neto, com tudo que o cercava. Deus estava me dando uma oportunidade única de estar junto com meu neto naquele momento muito especial.

Assim tem sido a minha vida desde que Marcos Neto nasceu. Tenho procurado estar próximo dele em todos os momentos importantes de sua vida, o que não é difícil e nem incômodo para mim — é um enorme prazer.

Para certas pessoas, a grande desculpa por não dar atenção às crianças é em relação à disponibilidade de tempo; ou, às vezes, é por não querer trocar um passeio com amigos, com os quais viajam e fazem sempre as mesmas coisas. Viajar, passear com suas crianças implica certa renúncia; mas não é sempre e nem é sacrifício. Estar disponível para as nossas crianças é prazeroso; você terá apenas de aprender a se divertir com elas e renunciar, um pouco, aos "amigos importantes".

Importante para mim é a minha família, e meu neto desde que nasceu faz parte dela; assim sendo, as demais coisas ou pessoas terão que se adaptar à minha opção de vida. Se um amigo, porventura, achar que as minhas crianças incomodam, dão trabalho, não deixam a gente à vontade, então essa pessoa não é minha amiga. Tempo é desculpa esfarrapada, quem faz o nosso tempo somos nós mesmos. Para quem ama, tudo é possível. O impossível é a gente não tentar.

19

O centro das atenções

"A diferença entre ver e enxergar é que,
ao enxergar, você não utiliza somente os olhos,
mas principalmente o coração."

Muitas vezes nós, como pais, cometemos graves erros. Chegamos em casa cansados, estressados pelo trabalho, nos trancamos no quarto alegando a necessidade de um momento de privacidade e sossego, e nos irritamos quando a criança, ávida pelo nosso carinho, fica batendo na porta. Abra. Mas não abra somente a porta do seu quarto; abra também a porta do seu coração e deixe seu filho entrar. Já tentou descobrir as razões por que uma criança chora e, na maioria das vezes, você se incomoda achando que é sem motivo? Ele não quer incomodá-lo, quer apenas um pouco de sua atenção, quer participar de sua vida. Nessas horas de estresse, a presença da criança que você acha incômoda acaba sendo o bálsamo que acalma, o sorriso que alivia e o abraço que conforta. Quando tomar esta iniciativa, você provavelmente estará começando a entender a criança.

No decorrer de um dia inteiro existem várias oportunidades de você dar atenção a uma criança que o cerca, não importa se você é pai, mãe, avô, tio, etc. Se a criança estiver a seu lado, estará sempre procurando chamar a sua atenção; na maioria das vezes ela quer muito pouco. Atitudes como um simples olhar de simpatia, uma palavra de consolo, de estímulo, ou às vezes somente poder estar perto de você, uma vez somadas, vão elevar o moral da criança. Mesmo que esta ação lhe pareça insignificante, por menor que seja, o estímulo lançado com atenção e carinho produzirá bons frutos. A Bíblia sagrada que foi escrita há milhões de anos, mas ainda é considerado o nosso manual de instrução, está repleta desses exemplos e ensinamentos, superatualizados apesar do tempo. Mesmo que você seja uma dessas pessoas que não crê na palavra de Deus, é sempre bom fazer uma "consultazinha" — quem sabe a sua melhor orientação não está lá? Ninguém é perfeito e nem um sabe tudo; na dúvida, é sempre bom dar uma lida no "Manual de Instruções". Até os apóstolos, que eram seguidores abnegados de Jesus, sentiram a necessidade de aprender cada vez mais com Ele e, em determinado momento, em uma atitude de humildade, pediram a Jesus: "Mestre, ensina-nos a rezar" e Jesus ensinou-lhes o Pai Nosso.

O bom cristão deve estar sempre atento para estender a mão e erguer o irmão que cai. Nosso comportamento com as crianças não deve ser diferente. É sempre bom lembrar de tratar a criança como um ser humano igual aos outros, e que ela, se for bem orientada, vai se transformar num adulto exemplar. Nossa atitude será sempre a de encorajar a criança em suas tentativas e não criticá-la. Em nossa convivência do dia a dia, de todas as horas, devemos distribuir gestos delicados, palavras amáveis, sorrisos carinhosos. Estas atitudes de aparência simples realizam, muitas vezes, verdadeiros milagres. O nosso bom humor não é benéfico somente para os outros; ele prolonga a nossa vida e nos ajuda a resolver todas as dificuldades.

No nosso relacionamento diário, devemos ter alguns cuidados básicos, uma vez que estamos tomando sempre atitudes diferentes, com pessoas que, por sua vez, não são iguais e podem interpretar uma mesma mensagem de maneira mais diferente ainda. Por isso é que se afirma que na maioria das vezes o importante não é **o que** você diz, mas, sim, **como** você diz.

A maior justiça Divina é o dom da vida. Só Deus dá e só Ele pode tirar. A vida é um manual prático, a vida se aprende vivendo, praticando. Em cada etapa aprende-se o suficiente para usar naquele período. O que você acumulou ao longo da vida é o legado a ser transmitido a seus sucessores; mas você nunca terá a oportunidade de retroceder no tempo e tentar fazer diferente ou corrigir seus erros. Assim entendemos a Justiça Divina, que dá igual oportunidade a todos, não privilegiando ninguém.

Viver é você tratar cada momento como se fosse único, mesmo que esta oportunidade se repita no futuro. Esta não é uma decisão sua, só a Deus compete, daí a necessidade de você viver intensamente cada momento, como se este fosse de fato sua única oportunidade. Existem frases que devemos evitar pronunciar para uma criança e até pra nós mesmo, tais como:

Isto é impossível.

Não tenho condições.

Eu não posso fazer.

Eu não vejo saída.

Não vale a pena.

Estou com medo.

Não vou conseguir.

Não tenho talento suficiente.

Eu já estou cansado.

Não tenho fé.

Eu não mereço perdão.

São afirmações que não nos levam a lugar nenhum, não nos estimulam. Pelo contrário, mostram uma atitude derrotista diante de situações adversas, e não contribuem para o crescimento do outro. A criança, por estar em formação, vê no adulto um espelho e está sempre absorvendo seus exemplos — com elas os cuidados devem ser ainda maiores. Não devemos fazer afirmações negativas diante de uma criança, pois ela possui memória perfeita como um gravador, acumula tudo que ouve no seu subconsciente e, quando você menos espera, aparece com afirmações que você não sabe de onde vieram, ou pelo menos não se lembra. Assim sendo, todo cuidado é pouco. Vale a pena lembrar mais uma vez que uma criança é como um ser adulto, com apenas uma única diferença: ainda não cresceu.

20

O amanhã se planta hoje

"Uma ínfima mudança hoje nos leva a um amanhã dramaticamente diferente. Há recompensas grandiosas para os que escolhem as trilhas altas e difíceis, ainda que as recompensas permaneçam ocultas durante anos."

Fiquei a imaginar como seria uma oração para se fazer todos os dias, pedindo a Deus para proteger um pequeno e frágil amigo. Esta oração seria um pedido diário sempre que eu estivesse longe dele, implorando pela sua proteção. Era uma forma de dizer:

Deus, fique pertinho dele, proteja-o contra as armadilhas do mundo cruel, reserve para ele a oportunidade de crescer protegido pela sua graça, derrame sobre ele o seu manto divino, zele pela sua proteção, oriente o seu destino para que ele seja um cristão exemplar, bom e generoso.

É como se eu dissesse sempre:

> *Ajuda-me, Senhor, a guiá-lo no caminho do bem; eu sei que a minha fé é muito pequena diante da sua grandeza, mas Você, Senhor Jesus, é a única esperança de proteção diante de um mundo tão cruel,onde a gente se sente cada dia mais fraco diante das provações da vida. Nossa única esperança é a Sua misericórdia. Eu confio no Senhor, proteja e guarde do perigo aquela pequena criatura.*

Todos os dias acordo pensando em Marcos Neto. Procuro logo saber como ele está, se acordou bem, se não está doente, se está se alimentando. Faço tudo isto porque me preocupo de fato com ele, e não para agradar alguém. Agrego o meu dia-a-dia ao dele, sem que ele perceba e sem incomodá-lo. Se ele está bem, fico mais tranqüilo, deixo um pouco de me preocupar tanto, porém sem me esquecer de dar aquela "rezadinha básica" para o seu Anjo da Guarda — é uma forma que encontrei para mantê-lo acordado e atento à sua missão de proteger meu neto.

A criança precisa de proteção vinte e quatro horas por dia. Às vezes eu fico imaginando que o Anjo da Guarda de uma criança não tem um segundo sequer de sossego. As crianças, por não perceber maldade nos adultos, se tornam suas presas mais fáceis. A violência contra elas, na maioria das vezes, começa com a atração para o que elas mais gostam: uma bala, um bombom, um brinquedo. Para garantir o futuro do nosso amanhã, é necessário que protejamos as nossas criancinhas hoje. Trancá-las dentro de casa não é proteger; é, sim, prender, privar, é tirar delas o que têm de mais precioso: o espírito de liberdade. Estabelecer limites para nossas crianças é uma coisa, trancafiá-las em ambientes fechados, tendo à sua frente uma televisão ou um video game o dia inteiro, é outra muito diferente.

Ser pai é estar próximo de seu filho em todos os momentos de sua vida e se preocupar com o seu dia-a-dia; levá-lo e buscá-lo na escola, na natação, na academia é participar de todas as atividades de sua vida sem reclamar. Fazer tudo isso com prazer, mesmo que isto lhe custe preciosos minutos de produtividade no trabalho. O ruim é o amanhã, na sua adolescência, na sua juventude, você tentar ficar perto dele e não conseguir, pelo simples fato de que ele já tem uma porção de outras opções, próprias da sua idade e do seu desenvolvimento sóciocultural, e você ser apenas mais uma, para não dizer a última. Aproveite enquanto seu filho é uma criança e fique junto dele; isto vai aumentar suas chances de na fase seguinte da sua vida, ser lembrado como uma boa opção de companhia, de companheirismo.

Tudo o que investirmos nos nossos filhos não será em vão. Nós não perdemos nossa preciosa vida cuidando de filhos; nós agregamos nossas vidas às deles e juntos colheremos os frutos que uma boa vida familiar pode propiciar. Por princípio de vida, eu não acredito em um bom profissional sem uma respectiva vida familiar. A família dá o equilíbrio necessário que o homem precisa para ser um indivíduo equilibrado no seu ambiente de trabalho. Somente uma boa vida familiar pode trazer a paz necessária para se enfrentar as dificuldades do cotidiano, principalmente no campo profissional.

A família é a base de tudo, é o alicerce que você constrói de maneira sólida para sobre ele edificar a sua vida. O que você plantar hoje, com certeza colherá amanhã. A opção é sua. Lembre-se: toda ação resultará, mais cedo ou mais tarde, em uma reação do mesmo tamanho e valor. Quem planta amor só pode colher como recompensa os frutos que um relacionamento de amor é capaz de lhe dar. A recompensa é um fruto que você colhe, no mínimo, do mesmo tamanho que você plantou, porém com um sabor incomparável e durabilidade eterna. O ruim, o frustrante é você descobrir, num amanhã muito distante, *"aquele eu que você poderia ter sido"*. Raramente você terá uma segunda chance de causar novamente uma primeira boa impressão. Segundo um provérbio chinês, *"há três coisas na vida que nunca voltam atrás: a flecha lançada, a palavra pronunciada e a oportunidade perdida"*. O caminho dos indecisos é cheio de voltas, curvas e variantes que não levam a lugar nenhum.

> *Não existe dúvida para quem plantou a certeza.*
>
> *Não existe incerteza para quem cultivou a perseverança.*
>
> *Não existe mentira para quem só falou a verdade.*
>
> *Não existe maldade para quem semeou o bem.*

Não existe guerra para quem sempre semeou a paz.

Não existe tristeza para quem irradiou a alegria.

Não existe inveja para quem distribuiu a amizade.

Não existe treva para quem sempre foi luz.

Não existe egoísmo para quem repartiu o pão.

Não existe mágoa para um coração cheio de perdão.

Não existe ódio para quem edificou o amor.

Tudo que eu tenho feito ultimamente é pelo bem do meu neto; sei que não foi e nem será em vão. Aos poucos, vou contribuindo para a sua formação. Com uma criança na sua idade, o melhor é agir mais e falar menos. Sinto que aquilo que eu faço sempre desperta mais o seu interesse do que aquilo que eu falo. Como excelente observadora, a criança olha para você como se olha para um espelho. É aí que mora o perigo do relacionamento diário de um adulto com uma criança. Sem perceber, você pode cometer atitudes próprias de um adulto e ela, ali a seu lado, ficar sem entender o que está acontecendo. Por outro lado, a criança sabe perfeitamente quando estamos sendo sinceros. Dependendo da atitude que você precisar ter em determinada circunstância, ela pode não entender, criar uma barreira momentânea no relacionamento e, como conseqüência, sem que você perceba, deixar de confiar em você, passando a evitá-lo.

O meu neto, por exemplo, sempre que está falando comigo e eu, sem querer, ou propositadamente, olho para o outro lado, desviando por um momento a minha atenção de seu assunto, me toca, me puxa, exigindo a minha total atenção. É assim com todas as crianças. Se você não puder dar toda a atenção que ela reivindica, é melhor sair de perto. Para frustrar uma criança, basta que ela perceba que você não tem interesse no que ela está dizendo.

Considero-me um bom observador do comportamento humano. Trabalhando há mais de trinta anos com *marketing,* durante minhas pesquisas e mesmo nos treinamentos me acostumei a observar profissionalmente as atitudes das pessoas diante de algumas circunstâncias.

Os erros mais freqüentes que tenho observado no relacionamento pais/filhos ficam por conta dos casais jovens. Quando se casam muito novos e ainda são estudantes, é comum eles passarem o dia no trabalho, correndo atrás da realização profissional e financeira; e quando se pensa que terão um tempinho à noite para os filhos, lá vão eles correndo para a escola, em busca da formação acadêmica. Aí eu pergunto: E os filhos? Se você for observar bem, eles não estão nem em segundo plano. Estão em terceiro. Porque primeiro é o trabalho, claro, que vai garantir o sustento e a sobrevivência da família; em segundo, a universidade, que vai garantir o futuro profissional; e em terceiro... Bem, em terceiro, realmente ficaram os filhos, aí já meio misturados com outros compromissos sociais, tais como amigos, familiares, etc. Como observador, tenho de reconhecer que o erro é circunstancial, necessário em função da realidade de um casal que resolveu constituir a família antes de construir a sua base.

Pode até não ser um erro total, o casamento pode ter servido para se ajudarem mutuamente — afinal, a família é uma base sólida para que os jovens cresçam com estrutura. Já que não podemos mudar a ordem momentânea da realidade atual, que tal a gente estabelecer que todo o tempo que sobra, tal como fins de semana e feriados, vai ser exclusivo dos filhos? É justo, não? Pois bem, nem isto que se esperava é o que na maioria das vezes acontece. Os pais chegam em casa cansados pelo dia de trabalho, com pressa para ir para a escola, de onde chegam ainda mais exaustos, e o pouco tempo que resta dentro de casa não são dedicados aos filhos porque eles também não são de ferro e precisam descansar.

Quando os pais se formam e se livram da segunda opção (escola), pode já ser um pouco tarde. Os filhos podem estar maiores e com outras opções de relacionamento como amigos, escola, etc. A verdade é que todo tempo com os filhos é precioso, não importa a idade, mas na base da sua formação, quando eles ainda são pequeninos e precisam até dos nossos braços para se locomover, a presença dos pais é fundamental.

Às vezes, nas minhas andanças, fico observando propositadamente o comportamento de alguns jovens e inexperientes pais na labuta diária com seus pimpolhos, totalmente despreparados para a política de relacionamento infantil. As crianças modernas, quase sempre muito ativas, exigem muito mais dos pais de hoje do que antigamente. A gente percebe que a criança fala, fala, chama a atenção do adulto que está perto dela, toca nele insistentemente; mas o adulto continua alheio, conversando, lendo, vendo televisão, como se não houvesse ninguém por perto e até mesmo se sentindo incomodado. A criança se cansa e se afasta.

Algum tempo depois você procura a criança e quer que ela venha para os seus braços correndo e sorridente, como se nada tivesse acontecido; aí ela o repudia e você fica sem entender. É bom lembrar que criança também tem sentimentos, e como tem...

Se você gosta, tem de demonstrar isto sempre e não só naqueles momentos sociais em que você quer parecer carinhoso para os amigos. Eu não admito o comportamento de certas pessoas que só convivem com as crianças que lhe são próximas em momentos sociais, datas importantes ou só para tirar fotografias. A criança é um ser sincero, sensível e observador, e quem melhor descobre as falsidades escondidas entre as atitudes de certos adultos. Sorte nossa por elas ainda não saberem nos denunciar com palavras, não é verdade? A criança só retribui com carinho para quem lhe dá atenção.

Já afirmei antes que ser avô é ter uma "segunda chance como pai" de corrigir, em seus netos, os erros cometidos com os filhos. Por outro lado, se for verdade o ditado que diz que "aqui se faz, aqui se paga", então entendo que uma dessas oportunidades de você pagar está na condição de avô. Presumo que o neto seja o filho que veio depois para lhe dar a oportunidade de corrigir os erros que, porventura, você tenha cometido como pai.

O nosso corre-corre da vida não nos deixa parar para perceber se o que já temos não é o suficiente para nossa vida. Preocupamo-nos tanto em *ter* que eu acho que é uma medida meio que sem limite. Ter isso, ter aquilo, comprar isso, comprar aquilo. Os anos passam e, quando nos damos conta, esquecemos do mais importante: *viver e ser feliz*. Às vezes, para ser feliz, não precisamos *ter* tanto. Podemos nos dar conta que o mais importante na vida é *ser*. Esse *ser*, tão esquecido, muitas vezes não é tão difícil assim de se realizar.

As pessoas precisam parar de correr atrás do *ter* e começar a correr atrás do *ser*. Só assim a gente pode *ser mais*: mais amado, mais gente. Tenho certeza de que, quando *somos*, somos muito mais felizes do que quando *temos*. O nosso *ser* leva uma vida inteira para se conseguir, enquanto o *ter*, muitas vezes, é conseguido até com certa facilidade e rapidez. Só que o *ser* não acaba e nem se perde no tempo, mas o *ter* pode terminar inesperadamente. Assim sendo, o *ser* é eterno; o *ter* é passageiro e pode não lhe trazer *felicidade*.

E falando nesse amanhã que se planta hoje, é importante fazermos uma reflexão em relação à sua chegada? O *hoje* é uma dádiva de Deus, por isto mesmo que é chamado de *presente*. Mas o amanhã vai chegar, é apenas uma questão de tempo; então, que tal fazer uma reflexão sobre esse tempo que nem sempre dizemos que temos e que está sempre nos atazanando a vida?

Vamos dedicar o nosso tempo para trabalhar — é o preço do triunfo. Para pensar, é a fonte do poder; para recriar, é o segredo da juventude; para ler, é a base do conhecimento. Se for preciso, um tempo para adorar, que é o caminho da reverência. Vamos dedicar um tempo para os nossos amigos, é o caminho da felicidade; um tempo para amar e ser amado; tempo para sonhar e realizar fantasias, por que não? Um tempo para rir e assim aliviar as tensões da vida. E por fim, mas não por último, um tempo para Deus, sem dúvida o nosso maior investimento, aquele que dura para sempre, uma eternidade.

21

Alegria contagiante

"A vida só pode ser compreendida olhando-se para trás, mas só pode ser vivida, olhando-se para frente."

Sören Kierkegaard

Apesar de ainda não ter nem três anos de idade, Marcos Neto é um menino muito esperto, inteligente, habilidoso, carinhoso e sabe usar como ninguém a influência que tem sobre as pessoas, sem, contudo, demonstrar aquele ar meio dengoso de criança manhosa. Na verdade, ele envolve as pessoas inteligentemente, conquistando devagar tudo o que quer sem ser pirracento. Sabe aquele comportamento de criança teimosa, desobediente que às vezes deixa os pais envergonhados na presença de amigos? Pois bem, Marcos Neto não tem nada disso. Ele é alegre e contagiante, principalmente quando está em um ambiente propício e com as pessoas que ele quer bem. Também demonstra ar de seriedade quando está em um ambiente que não conhece bem, passando para as pessoas a imagem de criança tímida, com aquela cara de menino sério.

Às vezes eu acho que ele é mesmo um artista e faz "gênero" de acordo com suas conveniências, pois em determinadas situações ele coloca as mãos para trás, fecha a cara, e não está nem aí para ninguém. Se algo não lhe agrada, ele não esconde e nem finge, nem muito menos dá uma de bonzinho. Por isso é que eu afirmei ser ele uma criança de personalidade definida: sabe o que quer e como quer, sem rodeios, direto e definitivo. Este comportamento tem um lado muito bom que é a formação da personalidade da criança. Muita gente acha que com esse amadurecimento precoce ela deixa de ser criança logo cedo. Nada disso. Até como criança é importante a sinceridade e a personalidade firme, pois assim ninguém vai enganá-la com promessas que não pode cumprir e, acima de tudo, vai respeitar os seus direitos de criança, por que não?

Eu posso até estar exagerando, mas como eu fico muito tempo perto de meu neto, comecei a observá-lo melhor em diversas e diferentes situações, e a sua personalidade firme tem me levado a momentos de grande reflexão.

Ele é alegre, divertido, comunicativo e muito amoroso. Venho observando que ele reserva os seus melhores momentos de carinho para as pessoas que lhe dão melhor atenção, e isso é saber retribuir. Seu comportamento seletivo é implacável como resposta a qualquer atitude negativa que não lhe satisfaça; às vezes fico a imaginar, sem poder afirmar com certeza, é claro, que ele interpreta as reais intenções das pessoas adultas que dele se aproximam. Se sentir que o momento não é favorável, ele se fecha, não agrada ninguém e nem adianta pedir.

Às vezes, quando sente que ofendeu uma pessoa, imediatamente ele pede desculpas, faz um carinho e dá até um beijinho de arrependimento. Eu sei que as crianças de hoje são muito esclarecidas, mas vocês vão concordar comigo que uma atitude dessa em uma criança de dois anos é realmente algo muito excepcional. Ninguém lhe ensinou, mas em algumas ocasiões ele usa o diminutivo me chamando de "vovozinho" quando quer demonstrar seu carinho em um determinado momento muito especial. Ele sabe como, onde e quando usar o tratamento carinhoso para conseguir seus objetivos.

Ele sempre pede a alguém para ligar para mim, principalmente à noite, quando os pais estão na faculdade e ele se sente sozinho.

—Sr. Isaac, Marcos Neto quer falar com o senhor — diz a babá, do outro lado da linha. Fico cheio de vaidade, mas já sei que vem algum pedido especial, do tipo "venha para cá brincar comigo" ou "vamos passear de carro", e assim por diante.

— Diga, meu neto querido, o vovô está te escutando!

—Vovô, tô sozinho aqui. Mamãe "deixou eu". Vem pra minha casa brincar comigo, quero que você conte historinhas no meu quarto.

É claro que com um carinho desse não tem vovô que resista. Normalmente eu atendo a seu pedido, ficando com ele lá na sua casa até que seus pais retornem. Mas se por qualquer outra ocupação momentânea eu venha a demorar, vem logo um outro telefonema de cobrança. Só que o segundo telefonema não é assim tão amistoso. O telefone toca, já sei que é ele.

—Vovô, vem brincar na minha casa, mas vem logo seu feio!

Como se vê, ele sabe pedir carinhosamente quando é preciso, mas sabe, também, cobrar com rigor quando não é atendido.

Ah, meu pequeno amigo! às vezes fico pensando o quanto tenho aprendido com você. Sinceramente eu não esperava tanto, mas você veio de encomenda, como se diz lá para o lado de Goiás, minha boa e amada terra.

É isso aí, a gente aprende com os filhos e aperfeiçoa com os netos. Esta é uma verdade nua e crua que às vezes a nossa condição autoritária de adultos não nos deixa revelar, por nos julgarmos educadores experientes que não têm mais nada para aprender. Agora, pensando bem, Jesus Cristo estava certo quanto afirmou que para entrar no reino do céu, "nós temos de voltar a ser criancinhas"; isto não é porque criança é pequenina e a passagem para o céu é um lugar apertado e de pouco espaço, não! É porque nós temos que voltar a ser *puros de alma e coração, sinceros, leais e verdadeiros.*

Nós adultos temos muito que aprender com as crianças! Imaginando que como adultos temos a obrigação de educar, acabamos confundindo essa atividade com a de ensinar. Dessa forma, deixamos de aprender com a simplicidade de uma criança uma das maiores virtudes que um ser humano precisa ter e que está tão ausente nos relacionamentos atuais: a *sinceridade.* Criança pode não saber nada, mas é *sincera* em tudo. Daí logo podemos deduzir uma outra virtude da criança que é resultante dessa sua sinceridade — a *lealdade.* Claro, se você não consegue ser *sincero* com alguém, logo você não é *leal* com esta pessoa, você é *falso.* Olha aí uma porção de atitudes negativas resultantes da falta de *sinceridade:* a *deslealdade,* ·a *falsidade,* e a *desconfiança.* A pureza da atitude de uma criança lhe atribui todas estas qualificações (ao contrário do comportamento comum dos adultos), tão ausentes nas pessoas no mundo de hoje, o que provoca tantos desentendimentos.

Marcos Neto está crescendo e eu não me canso de afirmar que a cada dia que passa me torno mais seu admirador, de forma incondicional. Venho observando, desde que ele nasceu, suas reações como criança criativa que sabe se comunicar como ninguém. Isto não é um depoimento de vovô coruja, é a pura realidade de fatos que já relatei aqui ao longo desta história.

Mas confesso que também tive esse mesmo espírito observador do comportamento humano quando do nascimento dos meus três filhos. Mas, além de não ter tido a oportunidade de relatá-los em um livro, algumas outras coisas me faltaram. O tempo foi uma delas, que hoje eu posso afirmar que não é mais desculpa minha, pois aprendi a controlá-lo e a usá-lo melhor em benefício da minha família e, porque não dizer, em benefício da minha vida.

A segunda coisa foi, com certeza, a falta de experiência. Não me casei muito jovem, mas a grande verdade é que na vida só se aprende vivendo. Sendo pai pela primeira vez aos 26 anos de idade, posso afirmar que a experiência acumulada hoje ao longo dos meus 53 anos é muito maior. Aprendi muito com todos com quem convivi, da mesma forma que me doei por completo, de corpo e alma, e procurei aproveitar tudo de bom que cada pessoa da minha convivência tinha para me oferecer: cada uma *levou um pouco de mim e deixou um pouco de si.*

Assim, sou produto de uma vida vivida e compartilhada. Não há como uma pessoa passar por sua vida sem deixar uma pequena marca. Nós vamos envelhecendo e *crescendo para dentro*; chegamos ao fim da vida marcados por ela; carregamos dentro de nós marcas de todos os tamanhos, grandes e pequenas, rasas e profundas, tristes e alegres, mas todas são marcas. De falta de experiência, eu, com certeza, não posso me queixar — e a coragem foi tanta que resolvi traduzi-la num livro.

Hoje, tenho como um pouco do resultado desta vida a experiência e o amadurecimento. Posso agora olhar para o céu e dizer: "Como Deus é justo!" Você já imaginou se nascêssemos com esta experiência que temos na maturidade? Com certeza o mundo seria pequeno para nós! Mas esta grandeza só quem possui é Deus! Nós vamos continuar pequenos diante dele e de suas obras. Deus, por amar a cada um de nós, vai sempre nos permitir crescer espiritualmente — afinal ele nos criou à sua imagem e semelhança. A experiência só vem com a maturidade. Assim como o fruto se doa em forma de alimento quando está maduro, o homem repassa para os seus descendentes os ensinamentos acumulados durante toda a sua vida.

Uma das características mais fortes de Marcos Neto é, sem dúvida, a sua vontade própria, demonstrada até mesmo em atitudes corriqueiras, sem falar, é claro, no seu refinado bom gosto, apesar de sua pouca idade. Equilíbrio e habilidade ele demonstra, por exemplo, em relação aos ritmos musicais. Sabe diferenciar cada um e se movimenta com perfeita noção de tudo que está ocorrendo à sua volta — o que significa que não é um "Maria vai com as outras" —, conhece como ninguém suas preferências e não é fácil enganá-lo com conversa fiada.

Ele vem me surpreendendo dia após dia com suas artimanhas. Quando estamos voltando juntos da sua escola ele me pergunta uma porção de coisas que não sabe, mas ouviu alguém falar. Quando está com saudades do vovô Isaac, ele pega no telefone, pede para alguém ligar e diz, sem rodeios, que está com saudade. Eu sempre me surpreendo com sua objetividade nas conversas telefônicas. Depois de conversar o que quer, perguntar pelas outras pessoas da casa, simplesmente dá um "tchau" e desliga o telefone sem mais nem menos. Da mesma forma, deixa clara sua personalidade quando eu ligo para falar com minha filha Anne Isabelle; então ela o chama e diz:

— Marcos Neto, venha falar com o vovô Isaac, ele está no telefone.

Se ele não estiver a fim de falar comigo ou simplesmente fazendo algo que considere mais importante para o momento, ele responde sem rodeios:

—Vou não!

Daí para frente não adianta insistir ou forçar a barra. Pode ser quem for que estiver do outro lado da linha, ele não vem. Isto demonstra uma virtude importante: ele não é "um puxa saco"; mas é sempre carinhoso e atencioso quando precisa ser. Como já afirmei, ele dá beijinhos quando sente que magoou alguém, está sempre pronto a pedir desculpas com um ar de arrependimento que não existe em nenhum adulto, mas ninguém desvia a sua atenção de algo que esteja fazendo e que ele considera importante.

Ele adora animais e tem por eles um carinho, como se fossem pessoas. Sempre que conversa comigo ao telefone ele pergunta por cada uma das pessoas nominalmente, e eu vou respondendo se está, para onde foi, etc. Ele quer saber tudo.

Certa vez ele perguntou "cadê o Scooby" (nome do *poodle* da minha filha Daniella) que ele adora. Quando eu respondi que ele estava do meu lado, ele disse:

— Quero falar com ele.

Assim é o Marcos Neto, imprevisível e surpreendente, mas inocente como toda criança que, de repente, sai com uma "tirada" dessa, com toda a naturalidade, como se fosse possível falar com um cachorro, ainda mais pelo telefone. Esse é o Marcos Neto, o meu neto.

Em outra ocasião, eu estava na casa do meu neto; enquanto ele brincava com entusiasmo dirigindo o seu carro esporte de pedais, fazendo muito barulho pela sala, sua mãe falava ao telefone com uma amiga. No meio da conversa eu percebi que a amiga perguntou por ele, e sua mãe descrevia com entusiasmo as suas façanhas. Então Isabelle abafou o telefone com a mão e o chamou dizendo:

— Marcos Neto, vem falar com a amiga da mamãe.

Ele, que adora falar ao telefone, mas como já disse antes, não gosta de ser interrompido nas suas atividades, respondeu prontamente:

— Vou não!

A mamãe Isabelle, que acabara de fazer inúmeros elogios ao filho, para não ficar envergonhada com sua atitude, insistiu:

— Venha, Marcos Neto, falar com a amiga da mamãe. Ele, nem aí, respondeu de novo:

— Vou não!

A mamãe Isabelle, então, para tentar despertar o interesse do filho e contornar a situação meio vexatória com a amiga, afirmou:

— Olha, Marcos Neto, ela está com um cachorrinho lindo venha falar.

Ele, correndo para o telefone, disse:

— Com o cachorrinho eu falo. Pegou o telefone sem dar tempo da mãe interromper e disse:

— Alô, cachorrinho! tudo bem com você? O que aconteceu depois eu não sei, não deu pra agüentar; saí correndo da sala, morrendo de rir.

Continuando com os relatos voltados para a questão do meu relacionamento com meu neto, é comum ele pedir, também, para sua mamãe Isabelle ou para papai Markito para ligar para o meu celular quando estou no horário de trabalho. Com aquela voz doce, pronunciando calmamente cada palavra, ele sempre pergunta imitando um diálogo adulto:

— Vovô, tais aonde, heim?

Logo que eu respondo dizendo onde estou, seja lá onde for, no trabalho ou na rua, imediatamente ele retruca de lá:

— Quero ir pra aí, vem buscar eu!

Eu, que sempre sei de onde ele está falando, até mesmo por causa do bina do celular, alongo a nossa conversa, desfrutando o máximo daquele momento de interesse em falar com meu neto, digo:

—Tudo bem. O vovô vai aí buscar você, viu? Mas agora me diga onde você está?

Aí vem a melhor e a mais divertida parte do diálogo, quando ele responde:

— Eu estou na casa de "eu"!

E com a voz doce como mel, as palavras pronunciadas calmamente saem derretendo de sua boquinha linda e infantil, com o toque de uma deliciosa chantagem; ele continua a conversa e implora, dizendo:

— Vem, vovozinho, eu quero ir pra aí.

Bom, aí é dose para derrubar qualquer gigante, tamanha é a emoção. Agüenta, coração! É preciso ser muito forte para não ceder ao apelo carinhoso de uma criança amorosa, principalmente por ele sempre retribuir a atenção que lhe tenho. A criança não pode se decepcionar com nenhum adulto, pois é nele que a criança se espelha. No meu caso, a situação é ainda mais comprometedora, pois o nosso relacionamento está fundamentado numa amizade pura e profunda. E eu, no meio do diálogo, provoco de propósito uma resposta sua:

— O que o vovô é seu?

Ao que ele responde prontamente:

— Amigo! O vovô é amigo de "eu". Amigão do peito — reforça ele, com mais um ilustre adjetivo qualificativo para me orgulhar ainda mais.

Para muita gente isso pode soar como mais uma chantagem infantil, mas eu não quero nem saber; não entendo assim e o recebo coberto de amor e sinceridade.

Às vezes eu chego em casa já à noite, abatido após um dia de trabalho, e nem sempre dá tempo para passar por lá, até porque já seria a minha segunda visita diária. Mas como eu sei da minha nova missão de amigo, telefono para conversar e distraí-lo um pouco. Ele atende ao telefone e vai logo reclamando com aquele ar manhoso:

— Vovô Isaac, mamãe deixou eu! Ela foi pra escola — afirma ele, com uma pronúncia impecável.

Aí, então, eu procuro perguntar pelos brinquedos que lhe dei, e vou distraindo a sua atenção sentimental pela ausência da mãe, procurando minimizar sua ansiedade. A conversa se alonga e ele, sabiamente, toca no meu ponto fraco, com chantagens tão sentimentais como o seu amor por mim, e diz:

— Vem pra cá vovô, vem? Vem brincar com "eu".

Aí eu dou uma desculpa, dado o horário de ele dormir, e digo que amanhã a gente conversa na escola. Depois fico sabendo que ele ficou chorando, o que é normal — afinal, ele quer estar sempre perto das pessoas que ama. Isso me basta, me contenta, me conforta, toca profundamente no meu ego; mas evito fazê-lo para evitar que ele sofra. No dia seguinte conversamos e percebo que está tudo superado; é um novo dia que traz dentro de si novas e agradáveis surpresas. Eu sempre afirmo para mim mesmo que ainda tenho muito amor para dar e que isso é apenas o começo de uma grande amizade que cresce a cada dia.

De uma coisa já estou certo: apesar de ter menos de três anos, meu neto sente claramente que o respeito como criança, que lhe dou carinho e atenção. Não é nada de protecionismo, bajulação e outros defeitos mais de que os avós enchem os netos. Nada disso. Eu o corrijo quando necessário, dialogo com ele, converso quando ele chora, apesar de minha vontade ser de chorar também, junto com ele. Cobro dele o compromisso de não repetir o fato quando ele erra. Digo que fiquei triste, que não faça mais isso, mas, acima de tudo, digo que o amo muito e ouço sempre dele uma afirmação infantil, mas carregada de sinceridade e recheada de carinho:

— Eu amo você vovô!

Ouvindo estas palavras posso afirmar que isso é tudo que um avô dedicado podia esperar como recompensa pela sua dedicação. É gratificante, não tem preço. Ouvir dele que me ama é mais do eu sempre sonhei, apesar de saber tratar-se de uma criança. Faço dessa declaração o combustível que me impulsiona a viver cada vez mais, para estar sempre perto dele. Dou-me por satisfeito com a oportunidade que tive e o espaço que ele abriu dentro do seu coração para que eu possa amá-lo. Amá-lo já é tudo, é uma dádiva divina; ser amado por ele é uma bênção, uma graça de Deus.

Vou procurar estar sempre com o coração aberto, vigilante, para merecer cada vez mais esta graça de Deus. Sei que não sou perfeito, sou humano, mas tenho aprendido com meus próprios erros. Ficarei atento para não cometer injustiças com o meu próximo. Há um provérbio dos índios norte-americanos que diz:

> *Dentro de mim há dois cachorros. Um deles é cruel e mau. O outro é muito bom. Os dois estão sempre brigando. O que ganha a briga é aquele que eu alimento mais freqüentemente.*

Já que eu entendo que não posso matar o "cachorro cruel e mau", vou procurar alimentar sempre o outro que é muito bom, para que ele possa se fortalecer e vencer sempre a briga.

Marcos Neto possui, entre outras virtudes, uma memória realmente fantástica para uma criança da sua idade. Grava com facilidade nomes, ocasiões e lugares como ninguém. Nomes de pessoas e objetos só se ensina uma vez para ele. Pode passar o tempo que for, quando algo se relacionar com aquela situação, pessoa ou objeto que lhe foi mostrado, ele cita imediatamente pelo nome, surpreendendo a todos pela lembrança.

Certa vez, nos corriqueiros passeios que faço com ele pelas ruas da cidade, paramos em um determinado posto de gasolina e, enquanto o carro era abastecido, eu fui com ele até a lojinha de conveniência comprar um pacote de salgadinho Pippo's, que ele já sabe chamar pelo nome, com uma pronúncia de fazer inveja a qualquer um, dado evidentemente à fixação da propaganda que assiste pela televisão. Dentro da loja ele viu um saquinho de jujuba igual ao que eu havia lhe dado há algum tempo. Tentou de todo modo me convencer a trocar o Pippo's pela jujuba, o que não aconteceu. Entramos no carro e fomos embora. Ele sentou-se no banco de trás do carro, visivelmente aborrecido com a minha negativa de troca do produto. Como saio quase que diariamente com ele para passear de carro, passo sempre por outros postos de gasolina até com o mesmo visual da fachada por ser da mesma bandeira. Um certo dia, depois de alguns meses, eu ia passando com ele, sem parar, em frente ao mesmo posto onde havia acontecido o episódio. Ele prontamente ficou em pé no banco de trás, abraçou-me pelo pescoço e disse em voz firme:

— Pára vovô, pára!

Então reduzi a marcha do carro e, antes de entrar no posto, ele olhou para mim e disse sem pestanejar:

— Hoje você compra jujuba, viu vovô? Pippo's não!

Aí eu tive mesmo de parar o carro, pois não me contive de tanta emoção! Nem eu mesmo me lembrava mais do episódio, e estava ali gravado na sua cabecinha, com a precisão de um computador. Eu já havia parado antes em outros locais com ele para comprar salgadinhos e ele não apresentou nenhum tipo de manifestação. Mas foi ali, naquele momento e lugar que sua memória privilegiadíssima se lembrou com precisão do fato. De agora em diante eu preciso ficar ainda mais atento para valorizar e lembrar os momentos e fatos importantes de sua vida e de nossa convivência diária de avô e neto, com a certeza de que ele está gravando tudo que está acontecendo à sua volta.

Em outra oportunidade eu estava passeando com ele quando meu amigo Wilson Santiago me ligou, dizendo que estava no Centro Administrativo de João Pessoa e precisava falar pessoalmente comigo. O diálogo foi todo pelo celular, mas ele, sentado no banco de trás e muito observador como sempre, deve ter escutado tudo que eu falei, nos mínimos detalhes, e deduzido o restante da conversa que eu estava ouvindo. Cheguei ao Centro Administrativo e, como já estava escuro, comecei a circular pelo enorme estacionamento à procura do carro do meu amigo, que seria um ponto de referência para tentar localizá-lo, quando de repente Marcos Neto, que esteve atento à minha conversa sem que eu percebesse, me chamou a atenção dizendo:

— Volta vovô, volta! Olha o carro do seu amigo ali — afirmou ele com toda segurança, me puxando pelo colarinho da camisa. Eu pensei logo que era "balela" pois estava escuro e ele só havia visto o carro uma única vez. Mas se tratando de Marcos

Neto, não custa conferir. Parei meu carro, dei uma ré de uns trinta metros e perguntei:

— Onde está o carro? — e ele apontou com o dedinho:

— Olha ali, vovô! Não está vendo, não é?

Desci do carro e olhei para a direção apontada insistentemente pelo seu dedinho, e lá estava o carro estacionado no meio de tantos outros. Daí por diante, não dá para duvidar de mais nada.

Em um fim de tarde de janeiro de 2003, já meio escuro, passeando com meu neto, passei pelos fundos do Espaço Cultural de João Pessoa. Ele, como sempre sentado no banco traseiro, me chamou a atenção dizendo:

— Olha vovô, eu estive aqui com o papai para ver meu avô Marcos.

Eu fiquei calado e ele repetiu:

— Vovô Isaac? Olha aí, eu vim aqui com o papai para ver meu avô Marcos.

Eu tentei lembrar o que havia acontecido de tão importante para ele insistir tanto. Puxei pela memória e me lembrei de que naquele mesmo estacionamento, precisamente em janeiro de 2001, portanto dois anos atrás, eu estive ali com ele e seu papai Markito para assistir, no Teatro Paulo Pontes, a posse de seu outro vovô, o desembargador Marcos Souto Maior, como Presidente do Tribunal de Justiça da Paraíba. Realmente foi uma data muito marcante para todos nós, pelo que o avô Marcos representa para mim como amigo, e para o meu neto como um vovô bastante presente em todos os momentos. Na verdade eu nem quis, de imediato, associar a sua lembrança com aquele momento, pois já havia se passado precisamente dois anos e

Marcos Neto tinha apenas seis meses. Não, ele não podia estar se lembrando daquele momento. Não podia ser verdade. Fiquei com aquilo na cabeça e logo que cheguei à sua casa perguntei ao papai Markito:

— Quando foi a última vez que você levou Marcos Neto no espaço cultural para ver seu pai, o vovô Marcos?

Ele nem pensou para responder:

— Foi na posse do desembargador como Presidente do Tribunal de Justiça e você estava presente, não se lembra? Ele entrou comigo e depois ficou no seu colo durante a posse! Por quê? — indagou o papai Markito.

— Se eu contar você não vai acreditar! Eu ia passando ...

Contei-lhe então com detalhes toda a história. Depois dessa, nada mais me surpreende quando se trata de Marcos Neto.

Tenho procurado estar o maior tempo possível por perto dele. Talvez seja até um pretexto para protegê-lo, mas a verdade é que eu quero ser sempre seu amigo e por isto procuro merecer sua confiança, mostrando minha fidelidade de avô e padrinho. Pode até ser que no fundo eu esteja querendo provar para mim mesmo que a amizade não tem idade. O amigo não é aquele que nos diz sim, sim, mas principalmente aquele que sabe nos dizer um não quando a ocasião assim exigir. O bom amigo, ainda, não é aquele que nos diz o que queremos ouvir, mas sim aquele que nos diz o que precisamos ouvir. A fidelidade do amigo está na maneira sincera de retribuir a amizade recebida e na coerência dos atos praticados na convivência diária.

Gosto sempre de citar que o maior exemplo de amizade entre duas pessoas é um casal de velhinhos chegando ao fim de suas vidas totalmente dependentes um do outro. Procuram sempre sair de mãos dadas, se preocupam um com o outro, se respeitam mutuamente; é aí que a gente percebe a profundidade da amizade recíproca cultivada durante tantos anos. Quantas vezes já ouvimos histórias de casais de velhinhos, relatando que quando um morre, o outro logo adoece e acaba morrendo em seguida, de tanta saudade e tristeza? Ocorre que a proximidade no dia-a-dia e a longevidade da convivência fizeram com que eles chegassem até ali, no limiar de suas vidas, lado a lado, superando todas as barreiras do relacionamento, até eles só terem um ao outro. A amizade desenvolveu uma confiança mútua tão profunda que eles se tornaram cúmplices um do outro. É claro que se você fizer uma pesquisa, vai descobrir que ninguém quer ficar velho; mas pior do que ficar velho é ficar sozinho, sem ter com quem conversar. Fazer de sua companheira mais do que uma esposa, uma amiga, é uma boa providência para evitar uma possível solidão na velhice. Mas para que isto aconteça, você deve plantar o sentimento de amizade hoje, regando e adubando todos os dias com uma boa dose de sinceridade, para que ela cresça e permaneça viva, dando bons frutos em sua vida futura. A amizade é como uma árvore frutífera. Se nós não cuidarmos dela todos os dias, não vamos colher os frutos que ela poderá nos dar. Assim sendo, por culpa exclusiva nossa, pela nossa omissão, comodismo e egoísmo, não iremos saborear o que ela nos havia reservado de melhor para recompensar o esforço e dedicação de uma vida inteira.

Ser amigo é aceitar o outro como ele é, com seus defeitos e virtudes, sem querer mudá-lo ao seu modo para melhor conviver. Ser amigo é conviver com divergências, respeitando a personalidade do outro.

22

Vamos pra escola

"Os ignorantes, que acham que sabem tudo,
privam-se de um dos maiores
prazeres da vida: o de aprender."

Preocupação primordial de todos os pais é a educação dos filhos. Para não fugir à regra, desde de que Marcos Neto completou dois anos que sua dedicada mãe Anne Isabelle procura uma escola para iniciá-lo nos estudos. Muito exigente, Isabelle olhou os mínimos detalhes das escolinhas para o tão amado filho. No final teve de se decidir por uma delas, e lá vamos nós, recomeçar toda aquela rotina de compra de farda, material, lancheira e tudo mais.

Chegou o primeiro dia de aula; preocupações e mais preocupações de todos. Pairava no ar a grande pergunta: Como ele vai se comportar? A opinião de alguns parentes era de que, se for como o pai Markito, a professora vai devolvê-lo no mesmo dia. A fama do pai quando criança não era das boas. Algumas pessoas que conviveram com ele na infância afirmavam que se Marcos Neto herdar o gênio do pai, vai jogar pedra na lua.

145

Pronto! a expectativa estava formada. Daí ficou a opção do outro lado, torcendo para ele ter o comportamento refinado da mamãe Isabelle, que foi sempre muito dedicada e recatada quando criança, recebia todos os elogios de comportamento da professora, um anjo de criatura.

A vovó Gláucia, educadora experiente, mas morrendo de preocupação com o netinho, tratou logo de dar suas recomendações:

— Olha, Isabelle! você deixa Marcos Neto na escola e fica por perto, sem que ele a veja. Se ele chorar, você traz o "bichinho" de volta, por favor! — implorou a derretida vovó.

No final das contas, tudo não passou de excessos de ambas as partes. Marcos Neto chegou à escola conduzido pela mãe, deu um "tchau" bem descontraído, entrou na sala e já foi se acomodando. Logo começou a se comunicar com todo mundo e "não tava nem aí" para as nossas preocupações. Parecia não ter ninguém estranho por ali. Comportou-se como um aluno antigo, nada de timidez ou bloqueio de primeiro dia de aula. Tirou de "letra", parece até que já estudava lá há bastante tempo.

Olha aí a afirmação que fiz antes, referente aos exemplos que as crianças estão sempre nos dando. Ele chegou como se já conhecesse todo mundo, não ficou com reserva, receio e nem medo. Não se preocupou com os estranhos, aparência, nada mesmo; afinal, criança não sente nada disso. Nós, os adultos, é que temos todos esses defeitos, preconceitos e opiniões formadas a respeito das coisas. Criamos expectativas em torno das coisas e das pessoas e nos decepcionamos quando não são como a gente esperava. As coisas são como são, não como esperamos que sejam. Volto a repetir, nós temos muito que aprender com nossos filhos. Não é que a gente não saiba, sabemos sim, pois um dia já fomos crianças assim como eles. O que aconteceu é que nós esquecemos, na ilusão de estarmos evoluindo e que, portanto, tínhamos coisas mais importantes para nos preocupar.

A escola é, sem dúvida a convivência social mais sadia das crianças. Lá elas aprendem uns com os outros, os tímidos se desinibem e os "afoitos" se educam, ficam mais recatados, sociabilizados, com comportamento comunitário, participativo. A convivência escolar tem sido uma grande descoberta para Marcos Neto, todo dia ele tem uma história diferente para contar sobre suas experiências. Para não fugir à regra, eu cá, como avô coruja, cuidei de participar, também, da sua vida escolar. Assim sendo, me ofereci e fiquei encarregado de apanhá-lo todos os dias na escola. A mamãe leva e o vovô pega, assim ficou definido. Foi sem querer, mas acabou sendo mais vantajoso para mim. Indo buscá-lo todos os dias, eu sempre tinha as novidades sobre a sua nova vida em primeira mão. A conversa sobre a escola durante o trajeto até sua casa era animadíssima.

Já estava quase terminando de escrever este pequeno livro e dando por concluída esta minha nova missão como escritor, mas de uma criança inteligente assim como Marcos Neto pode se esperar sempre novidades interessantes, principalmente para um aprendiz de escritor assim como eu. Afinal, nunca é de menos uma historinha a mais.

Todos os dias, ao ir buscá-lo na escola, chego de mansinho e fico observando pela janela seu comportamento na sala de aula. Passo ali alguns minutos sem que ele perceba a minha presença, e fico curtindo sua movimentação com os coleguinhas, até que alguém chama sua atenção, mostrando para ele que eu havia chegado, apontando para o meu rosto na janela. Despreocupado, cabeça fria, mas sempre atento aos brinquedos de montagem que se encontram na sua mão, é sempre um coleguinha que acaba chamando sua atenção para a presença do vovô na janela. Quando ele finalmente me descobre, faz aquela farra: pula, grita, joga tudo para o alto e corre para os meus braços, gritando "vovô, vovô". É uma festa que se repete sempre com o mesmo entusiasmo, enchendo de orgulho e vaidade o velho coração cansado de um vovô coruja que não cansa de admirar esta pequena criaturinha que, além de meu neto, tem sido um bom amigo e companheiro.

À medida que os dias vão passando, tenho cada vez mais certeza que está ali se consolidando, cada vez mais, uma grande amizade entre um velho e uma criança. Os conceitos sobre a amizade foram sempre os meus; claro que, como adulto, eu interpreto este relacionamento afetivo como amizade. Para ele, que me chama de amigo, amizade é apenas o fato de se sentir bem ao meu lado. Para ser sincero, eu não precisava nada mais além disso. O importante para mim, na realidade, é que de fato Marcos Neto já era para mim um pequeno grande amigo. Não há como negar, eu sentia que ele confiava cada vez mais em mim e percebia que ele sentia a minha falta quando eu, por algum motivo, não ia buscá-lo na escola ou não ia à noite à sua casa tentar suprir a ausência dos pais.

Todos os dias, no trajeto de volta para casa, sempre sentado no banco de trás, iniciávamos o nosso diálogo. Ao perguntar como foi o dia na escola, vinha logo um relatório completo, nos mínimos detalhes e cheio de ilustrações, de quem contava com prazer o seu dia com os coleguinhas. A conversa era tão comprida que às vezes a gente chegava em casa sem que ele tivesse terminado o relatório do dia. Aliás, história de criança só tem começo e meio; o final é indeterminado. Basta que haja um bom ouvido para escutar e a criança se dispõe sempre a falar, é só lhe dar atenção. No nosso caso, atenção é o que nunca faltava, pois cansávamos de tirar horas e horas para conversar. No início dos nossos diálogos diários, sempre no retorno para casa, as histórias eram sempre de brigas com colegas, fruto de alguma disputa. Com o passar dos meses, como já era de se esperar, os assuntos foram mudando mais para as atividades culturais da escola, que atraíam muito a sua atenção. É um mundo de descobertas! Sempre havia uma história nova para contar ao velho amigo, padrinho e vovô Isaac.

Foram tantas histórias que caberiam sozinhas em um outro livro. O seu conteúdo não vem ao caso, o importante era exercitar sua memória e procurar entender, na sua linguagem, os detalhes da história, a satisfação e o entusiasmo que ele sentia de estar contando tudo aquilo. Por outro lado, eu sempre mostrei interesse pelas histórias, fazendo perguntas e estimulando-o a falar livremente. Mas o fato é que ele compreendia que eu estava atento e gostava de escutá-lo. Assim, eu sempre dei a ele a oportunidade de ser o centro das atenções. Às vezes, na confusão do trânsito, eu não entendia algumas palavras, pronunciadas no seu jeito infantil; então eu parava o carro em uma sombra próxima das casas e virava o rosto para trás pedindo para ele repetir; com seu jeitinho meigo, levantando o dedo indicador, ele perguntava:

— Não entendeu não, vovô?

— Isto mesmo, netinho, o vovô não entendeu.

Diante da minha afirmativa ele repetia tudo novamente, sem esquecer nada e com a precisão de um adulto. Assim nós fomos conduzindo o nosso dia-a-dia e ampliando a nossa convivência — o que não faltava eram histórias. Outras vezes, sem que eu percebesse, ele terminava um assunto e já entrava em outro, emendando "feito cantiga de grilo".

Eu nunca pensei que fosse me divertir tanto quanto eu estou me divertindo com o meu neto. Cada dia é um novo momento, cada vez mais emocionante e mais cheio de realizações. Fico contando as horas para chegar a hora de pegá-lo na escola e saber das novidades.

Mas o nosso relacionamento de amizade não se restringiu somente nas vindas da escola para casa. Como já relatei antes, sempre que podia, dava um jeitinho de também almoçar com ele ou passar à noite em sua casa, pois sabia que ele ficava sozinho com a babá, além, é lógico, dos fins de semana que inevitavelmente passávamos juntos, com muitos e variados passeios de carro, praia, parques, *shopping*, etc.

Já com quase seis meses de escola, ainda não recebemos nenhuma reclamação de comportamento inadequado de Marcos Neto. Até agora tudo bem, tudo às mil maravilhas. Mas para um garoto criativo como meu neto, pode esperar que esta escola ainda vai render muitas histórias.

Pelo jeito ele acabou puxando mesmo o modo mais recatado da mãe quando iniciou suas atividades escolares. O tempo passa tão rápido que a memória de pai faz a gente lembrar do passado como se fosse hoje. Lembro-me com detalhes os primeiros dias de escola de todos os meus filhos. Criados com os mesmos critérios e a mesma atenção, cada um teve um comportamento escolar diferente. O mais velho, Christian Bruno, era bravo e no início só ficava na escola quase que à força; depois, como todas as crianças nessa idade, foi se acostumando e se sociabilizando no novo ambiente. A mais nova, Daniella Cristina, se comportou normalmente, por certo com a observação e o aprendizado dos dois irmãos que a antecederam. Teve somente um acontecimento mais relevante que me chamou a atenção, em relação a Anne Isabelle, a filha do meio, hoje mãe de Marcos Neto. Como ela era uma criança muito quieta, calada, recatada, franzina, eu e minha esposa tivemos um cuidado todo especial com seu primeiro dia na escola. Matriculada no maternal do Colégio das Lurdinas, em Campina Grande, lá fomos nós cheios de recomendações para a professora. Ela foi recebida pela irmã Maria José. Aquela figura calma, magrinha parecia até que ia voar ao primeiro vento. Entregamos Anne Isabelle e ficamos por perto. Calada como sempre, não sabia nem reclamar.

— Olha, irmã Maria José, se ela ficar chorando ou reclamar, liga para gente que viremos buscá-la — afirmou a preocupada mamãe Gláucia.

Isabelle sempre foi uma criança muito frágil, então ficamos por ali por perto, aguardando alguma novidade. Passado um certo tempo eu disse para minha esposa:

— Vamos embora, vão acabar reparando o nosso cuidado excessivo e pensar que não estamos confiando no Colégio.

Esta menina é muito quieta, mas não há motivo para se preocupar. Seja o que Deus quiser.

E lá fomos nós, preocupados como sempre. Passamos a tarde na expectativa de um telefonema, o que não ocorreu. Uma hora antes do horário marcado resolvemos ir buscá-la. Lá chegando, lá vem a irmã Maria José com a respiração ofegante e apressada em nossa direção:

— Pelo amor de Deus — dizia ela —, essa menina não me deu um só minuto de sossego, não me deixou nem dar aula. Olha como eu estou, morta de cansada de andar atrás dela.

— Calma irmã, diga logo o que aconteceu — replicamos.

— Essa menina... (pausa para respirar)...Olha, ela pode até ser quietinha em casa, mas é muito curiosa; a "danadinha" é magra, mas tem uma energia de elefante. Já revirou este colégio de cabeça para baixo. Olha, meu senhor — continuou a irmã — ela descobriu até um galinheiro lá nos fundos do colégio e agora só quer ficar lá brincando com as galinhas. Quando eu descuido um pouquinho, a "pestinha" sai correndo e vai direto para o galinheiro — concluiu a irmã, entregando-nos Anne Isabelle com a carinha de inocente.

Esta vida é mesmo cheia de surpresas, não? Quem diria, heim! Logo Anne Isabelle foi dar um trabalhão desses. E nós preocupados com sua adaptação...

E assim é a nossa vida e o nosso dia-a-dia de convivência com nossos filhos, sempre nos revelando surpresas e propiciando um aprendizado de valor incomensurável. Não canso de repetir e não escondo de ninguém que aprendi muito com meus filhos — antes deles acho que eu era um ser vazio. Juntamente com minha esposa Gláucia, eles me ensinaram tudo que sei e foram responsáveis, também, por toda a minha caminhada em busca do saber. Li muito, estudei mais ainda, pesquisei, procurei crescer interiormente, enfim, tudo que fiz foi por eles. Portanto, agradeço a eles essa oportunidade única que estou tendo nesta vida de me doar, de ser útil a alguém. Eles encheram meu coração de alegria e me tornaram um homem plenamente realizado.

O que dá sentido à vida é essa nossa vontade de crescer interiormente, de melhorar nosso padrão de vida econômica e social. É uma busca sem fim porque quanto mais eu aprendo mais eu me conscientizo que tenho ainda muito, mas muito mesmo, para aprender. O conhecimento abre a mente e nos impõe novos horizontes, desafiando-nos a buscá-lo e nos dando a oportunidade de usá-lo como um bem maior em benefício do próximo.

23

Um susto, só para ir se acostumando

"É bem verdade que existem pessoas que entram em nossa vida por acaso; mas, com certeza, não é por acaso que elas permanecem."

O telefone toca, do outro lado uma voz ofegante que tenta falar e não consegue. Por uma fração de segundos fui também ficando nervoso... Sem que ela falasse nada, alguma coisa me dizia que era minha filha Isabelle que estava do outro lado da linha.

— Painho... Painho... Pelo amor de Deus! Marcos Neto cortou o pé e é sangue para todo lado... — E chorando muito ela conseguiu terminar a frase — ...vem correndo, o corte é feio, vai ter de levar ponto — afirmou minha filha Isabelle, entre lágrimas e pavor.

— Enrole o pé dele numa toalha e desça com ele agora. Vamos levá-lo ao hospital da Unimed — disse eu com o coração saindo pela boca e já torcendo para o elevador estar disponível por perto, pois moro no 17º andar.

Por sorte estava no meu andar. Se a mãe, que estava vendo o corte, estava apavorada na descrição, imagine eu do outro lado da linha, só usando a imaginação. Enquanto descia de elevador, a imagem que vinha na minha cabeça era diretamente proporcional ao meu medo e pavor, misturado com o amor e paixão que sinto pelo meu pequeno amigo. Como ela mora no mesmo bairro que eu, peguei o carro na garagem e consegui chegar à porta do prédio junto com ela que usou somente o elevador para descer.

— Entra aí — disse eu.

— Painho... o corte está feio — disse minha filha.

— Por favor, pare de chorar, deixa só Marcos Neto, que é ele que está sentindo a dor — reclamei eu.

Não adiantou nada. Quanto mais eu falava, mais eles choravam, juntos. Um de dor e a outra de pavor, medo.

No caminho do hospital eu estava tão envolvido com tudo aquilo que psicologicamente comecei a sentir a dor por ele. "Oh, meu Deus!", pensei comigo, "me conceda esta graça, pode manter esta dor comigo, mas alivia a dele, por favor", imaginava firme na memória, como se isso fosse possível a um pobre pecador como eu, apesar de crer que para Deus nada é impossível. Como meu neto continuava chorando e provavelmente apavorado com tudo aquilo que ocorria à sua volta, eu entendi que a minha prece não tinha sido atendida, mas estava confiante na proteção do seu anjinho da guarda, em que Ele iria protegê-lo; afinal nós tínhamos um acordo antigo, pelo qual eu rezava diariamente para ele pela proteção do meu neto. E eu estava confiante em que tudo iria terminar bem — como de fato terminou —, porque afinal minha fé em Deus não era nada de emergência e, sim, uma filosofia de mútua confiança cravada por toda uma vida de harmonia religiosa.

Chegamos no hospital e fomos prontamente atendidos. Corremos com ele para a sala de curativos, enquanto a recepcionista preparava a papelada.

— Painho, por favor, fique com ele na sala, eu não vou agüentar olhar —afirmou minha filha.

Meu neto, que já vinha apavorado, piorou quando viu o hospital. Gritava que não queria, estendia a mão para todo mundo pedindo socorro. Um verdadeiro pavor. Quase que eu não conseguia segurá-lo nos braços, uma verdadeira comédia. Ele gritava tanto que sua voz já estava rouca e fraquinha de dar pena, o suor escorria por todo o seu corpo.

Eu me abracei com ele sobre a maca e o médico iniciou a anestesia para dar os pontos. Ele me implorava por socorro:

— Vovô... por favor... Socorro, vovô... Faz isso, não! — dizia ele, com a voz embargada, cortando meu coração.

— É preciso, fique calmo. Vovô jura que não vai doer.

Eu dizia isso com o coração partido, pedindo a Deus que a dor fosse em mim e não nele, enquanto o médico aplicava a anestesia dentro do corte. Tive vontade de chorar, meus olhos se encheram de lágrimas. Acovardei-me, me contive, pensei na insegurança que iria passar para ele; afinal sua mãe já se desmanchava em lágrimas lá do lado de fora. Tinha de ser durão, era assim que provavelmente ele me via. Forte, seguro, protetor. O seu herói.

Graças ao bom Deus, tudo não passou de um susto, principalmente para ele que no outro dia já estava brincando; e um teste para nós, que nunca vamos nos acostumar a ver sofrer as pessoas que amamos.

24

"Era um garoto que como eu..."

"Uma das grandes virtudes do homem é a de crescer sem perder a candura de sua infância. Criança fomos e criança sempre seremos."

Eu e Marcos Neto, de tanto andarmos juntos por aí, começamos a ter algumas coisas em comum. Ele adora comer um milho verde cozido. As frutas de sua preferência são a goiaba e o abacaxi. Eu não dispenso um abacaxi, pela manhã, após uma caminhada pela praia, antes mesmo de voltar para casa. Adoro goiaba com sal, era a fruta da minha infância, roubada nos quintais dos vizinhos ou saboreada pelos serrados do meu Goiás.

A música que marcou a minha juventude nos anos sessenta, entre outras, foi "Era um garoto que como eu amava os Beatles e os Rolling Stones", gravada pelos Incríveis. Certa vez, numa tarde de domingo, estávamos eu e Marcos Neto ouvindo música e brincando na sala do meu apartamento, quando tocou a música. Virei-me e vi Marcos Neto fazendo o gesto frenético de quem estava tocando uma guitarra. Quando terminou a música ele pediu:

— Coloca de novo vovô!

Eu fui e apertei o botão para repetir a música. A farra foi maior ainda. Ao término, lá vem ele:

— Coloca de novo vovô!

E assim nós ouvimos a música várias vezes, até encher os ouvidos da vovó Gláucia que assistia televisão sossegada e começou a reclamar da nossa farra domingueira.

Mais tarde ele foi para sua casa, os dias se passaram e, num novo fim de semana, lá estávamos nós de novo iniciando a já tradicional bagunça. Ele pediu para colocar música, "vidrado" que é em música com ritmo quente, acelerado. Coloquei um CD e ele disse:

— "Pera" aí, vovô, esse não!

Respeitando seu bom gosto, perguntei:

— Qual você quer ouvir?

Ele respondeu prontamente, ao pé da letra:

— Rá tá tá tá, vovô. Coloca rá tá tá tá. — Disse isso fazendo o gesto da guitarra.

A música caiu de tal forma no seu gosto que, se for lá em casa todos os dias, todas as vezes ele pede para colocar a música. Até já canta parte da letra da música. Esse é o Marcos Neto que eu conheço. Garotos na idade dele gostam de música infantil. Nada de música de roda, nem atirei o pau no gato; o negócio dele é rock e forró. Um outro ritmo de música que ele curte muito é o de Zezé Di Camargo e Luciano, o que prova que o menino tem bom gosto pelo clássico sertanejo da moda. Sua paixão pela música sertaneja de Zezé Di Camargo e Luciano tem explicação. Puxou a mãe. Isabelle viaja quilômetros pelo

Nordeste para ver shows da dupla da moda. Tal mãe tal filho...o pai já não é muito chegado, talvez por ciúmes da tietagem da esposa.

Certa vez eu estava passando por uma loja de instrumentos musicais quando me deparei com uma guitarra vermelha de tamanho apropriado para criança, com amplificador e microfone de cabeça. Olhei para a guitarra e pensei nele. Parecia até que eu o estava vendo tocar a nossa música em ritmo frenético. Não perguntei nem o preço, mandei embalar para presente e levei para o meu neto. Quando eu entreguei o presente, ele vibrou, empunhou o instrumento como um roqueiro de verdade e fez barulho para a vizinhança até altas horas. Como um grande herói, foi dormir cansado de tanto agito. Lá para as tantas entrei no quarto e o guerreiro estava estendido no berço, vencido pelo cansaço. Então pendurei o instrumento musical no armador de redes da parede do seu quarto e percebi que o visual estava ficando mais com cara de quarto de adolescente. Até hoje ele continua adorando a guitarra. Não quero com isto forçar para que ele seja um músico — o destino ele vai traçando de acordo com suas habilidades — apenas o presenteei com algo que ele gosta muito, um instrumento musical. Sempre que chego à sua casa, ele pega a guitarra, coloca a alça no pescoço, faz a pose de roqueiro e diz:

Vovô, vamos cantar o rá, tá, tá, tá?

25

Papai Noel existe

> "Aprendemos a voar como
> pássaros e a nadar como peixes,
> mas não aprendemos a conviver como irmãos."
>
> Martin Luther King

Acreditei nisso durante toda a minha infância, mas foi na fase adulta que eu pude comprovar o poder do velhinho Nicolau no Natal de uma criança. Quem não acreditar na existência de Papai Noel é porque nunca foi criança. Aproximando-se os festejos de fim de ano de 2002, o terceiro Natal com Marcos Neto no seio da família seria motivo de grande comemoração, pois agora, ele maiorzinho iria entender um pouco melhor o sentido de se festejar o Natal em família.

Nos passeios noturnos pela cidade e *Shopping Center* ele ficava admirado com as luzes e a decoração. Tudo ele chamava de Natal. Os primeiros contatos com o Papai Noel foram recheados de emoção. Ele demonstrava muito carinho com o velhinho, pois afirmávamos que ele lhe traria os presentes no Natal.

Como toda criança, Marcos Neto aguardou com ansiedade a chegada do grande dia. Era difícil tirá-lo de perto de um

Papai Noel. Daí surgiu a idéia deste vovô que vos fala de se vestir de Papai Noel para seu neto. Eu já tinha passado por essa experiência com meus filhos, mas já fazia um bocado de tempo. Aceitei o desafio, só que era preciso ser uma fantasia muita bem feita para ele não me reconhecer, uma vez que tinha uma convivência muito de perto comigo e todos achavam que não conseguiríamos enganá-lo.

Roupa preparada sob medida, um saco enorme cheio de presentes e lá fomos nós. Este ano o lugar escolhido para reunir a família foi a casa dos titios Hiltinho e Patrícia, pais da priminha Malu, de 2 anos, que também aguardava a chegada de Papai Noel. Além dos presentes das crianças, Papai Noel também entregaria os de todos os convidados; assim o saco teve de ser reabastecido algumas vezes. Os adultos já sabiam que Papai Noel viria e começaram a preparar o espírito da criançada. Meu neto estava ansioso, a testa ficava suada de tanta apreensão. O acordo a ser cumprido foi de que, mesmo depois da festa, as crianças Marcos Neto e a priminha Malu não deveriam saber que o vovô Isaac era o Papai Noel. O importante é você não quebrar, antes da época, a fantasia de Papai Noel que existe dentro da cabeça das crianças. Tudo tem seu tempo certo e a hora de descobrir não seria aquela. O tempo vai cuidar disso.

A vovó Gláucia caprichou na maquiagem, que estava impecável. Óculos diferentes do meu, tudo combinado, ninguém que já não soubesse que era eu o bom velhinho me reconheceu. Todo mundo na sala festejando, as crianças descontraídas, toca a campainha e todos gritam de uma só vez:

— É Papai Noel!

As crianças correm para a porta. Do lado de fora eu abro a porta, já emocionado, e vejo logo de cara os olhinhos de meu neto brilharem de alegria; mesmo distante dava para sentir seu coraçãozinho disparar de emoção; dentro dele parecia que uma voz gritava: "Papai Noel está aqui, é verdade, eu estou vendo!" Neste momento soltei o saco de presentes no chão, me ajoelhei e abri os braços; ele correu e me abraçou emocionado, irradiando alegria. Com uma barriga artificial que me deixava mais gordo, escondido por trás daquela cabeleira e uma enorme barba branca comecei a chorar baixinho enquanto entregava os presentes e tirava as fotografias. As lágrimas escorriam rosto abaixo, misturando-se com o suor e a maquiagem branca, mas quase ninguém percebeu.

Recebi vários beijos, tirei várias fotos e mesmo quando procurava ignorar sua presença, notava que meu neto estava sempre por perto de mim; quando não era nos meus braços, pegava firme nas minhas mãos que, apesar de disfarçadas por uma luva, lhe davam a firmeza que sempre teve da mão protetora de um vovô amigo, que agora estava ali, disfarçado e imitando a arte, mas autêntico no gesto de amor. Parecia até que ele sabia que era eu, pela maneira espontânea com que se aproximava de mim. Se ele não me reconheceu, pelo menos teve a certeza de que era alguém em quem podia confiar, pela forma carinhosa com que me abraçou, beijou e segurou minha mão. Antes de me afastar para trocar de roupa e participar da festa, mudando a minha voz dei alguns conselhos ao pé do ouvido do meu neto e, num momento de sua total atenção, afirmei com a voz de um vovô Noel apaixonado que ele era uma criança muito especial, que toda a sua família lhe queria muito bem e lhe amava muito. E por ele ser uma criança muito especial e obediente, Papai Noel tinha vindo especialmente lhe entregar seu presente de Natal. Notei que ele ficou atento e prestando bastante atenção enquanto eu falava. Quando eu terminei, ele, num gesto que sempre repete quando é presenteado ou acariciado por alguém, disse-me após um beijo no rosto:

— Obrigado, Papai Noel.

Correu para junto dos seus brinquedos e voltou a brincar por toda noite, muito feliz.

Parei um pouco e fiquei observando meu neto manusear seus presentes. Senti-me feliz e recompensado por todos aqueles anos que eu passei como criança pobre, não tendo absolutamente nada do que dei aos meus filhos e agora ao meu neto. Elevei meu pensamento a Deus e agradeci por ser hoje um homem feliz e totalmente realizado. Antes que a emoção tomasse conta de mim, despedi-me de todos, prometendo voltar no próximo ano. Saí pela porta social, aplaudido festivamente, com todos dando "tchau" para Papai Noel. Entrei novamente pela porta de serviço para tomar um banho, trocar de roupa e voltar para a festa — desta vez como vovô Isaac — para ouvir a repercussão da visita do Papai Noel junto a meu neto e sua priminha Malu. Aí sim, foi o melhor da festa, ouvir da boca de meu neto o relato emocionante da visita do Papai Noel. Ele me contou em detalhes e emocionado tudo que aconteceu:

— Olha vovô, o que eu ganhei! — exclamou ele, cheio de entusiasmo. — Papai Noel esteve aqui e eu falei com ele, ganhei presentes — afirmou, mostrando tudo.

— Você gostou do Papai Noel? — perguntei, para forçá-lo a falar mais, pois estava muito gostoso ouvi-lo.

—Gostei, vovô. Ele é bonzinho, me deu um avião e um barco.

Aí o papo se estendeu com perguntas e respostas imediatas de quem estava encantado. Quando perguntei o que Papai Noel havia falado com ele, respondeu-me prontamente, gesticulando os braços e cheio de alegria:

— Ro, ro, ro, ro, ro....

Acima de tudo, a promessa do papai Markito e da mamãe Isabelle estava cumprida: Papai Noel veio especialmente à sua casa trazer seus presentes.

É claro que com uma repercussão tão positiva quanto esta pode se esperar que Papai Noel vai voltar no próximo ano, com certeza, e com um aparato bem maior. Já existe até um plano mais ousado para o Natal de 2003, idealizado por alguns amigos que ficaram entusiasmados com o resultado da vinda do velhinho no último Natal.

O casal irmão e amigo Fernando e Josélia, fazem o que existe de melhor em termos de Natal. É uma festa linda com a presença de vários amigos. Na oportunidade comemoram também, o aniversário do filho Felipe. Quem quiser saber o que é uma verdadeira festa de Natal em família, tem que ir na casa de Fernando e Josélia. Sabem receber como ninguém e preparam o melhor Natal que já conheci, regado com os quitutes deliciosos da Maria e animação festiva na voz incomparável de Fernando.

Enquanto existir uma criança no mundo, Papai Noel também existirá no coração de cada um de nós, que acredita no amor e na capacidade de doação das pessoas. O Natal é uma data linda, quando as pessoas se abrem mais para o amor, para o diálogo, refletem mais sobre o sentido da vida e conseguem pensar no próximo com mais carinho. Pena que o Natal seja apenas um dia, mas é um dia mágico esperado com muita ansiedade, principalmente pelas crianças. Um dia aguardado por todos durante todo o ano. O Natal faz você se lembrar das pessoas e lhes dar presentes que representam sua afeição pela pessoa presenteada. Marcos Neto amou o Natal de tal forma que durante o mês seguinte perguntou uma porção de vezes por que tinham tirado o Natal das ruas. Quando respondi que o Natal havia passado, ele perguntou prontamente:

— E então, vovô, quando o Natal vai voltar de novo? Estou com saudades! — exclamou, dentro de sua pureza. Quando ele disse que estava com saudades, certamente se referia à saudade que sentia em ver de novo sorrisos e alegrias no rosto das pessoas.

Certo dia, quando ele me perguntava de novo sobre a volta do Natal, eu lhe respondi:

— Olha, meu neto querido, você diz sempre que o vovô Isaac é seu amigão do peito. Pois bem, eu amo muito você e vou fazer o meu "tudo" para você ser sempre muito feliz. Vou fazer o impossível para que, de agora em diante, todos os seus dias sejam um eterno Natal. A minha realização vai ser a sua felicidade. E no próximo Natal... Bem... No próximo Natal, pode ter a certeza que Papai Noel vai voltar de novo e trazer muitas alegrias para você e toda sua família.

Pode crer: Papai Noel existe. Existe mesmo! Verdade verdadeira, eu não só o vi como também o senti vivo dentro de mim.

E a vida continua... Acho que eu e meu neto formamos uma boa dupla: ele fazendo histórias e eu as contando. Quem sabe, se os ventos continuarem a soprar bons fluidos, ainda teremos muitas outras para contar... Mas isso vai ficar para uma próxima oportunidade.

26

O MENINO E O LIVRO

Esta foi uma história contada sobre dois amigos: Um pequeno e o outro grande. O pequeno, que se tornou grande pela nobreza dos seus atos, e o grande, que soube se tornar pequeno para melhor compreendê-lo.

Making off

"Sei que meu trabalho é uma gota no oceano, sem ele o oceano seria menor."

Madre Teresa de Calcutá

E depois do livro pronto...

Depois que o livro ficou pronto e lançado em várias capitais do Brasil, principalmente da Região Nordeste, veio o encantamento do menino ao ver a sua história publicada e ele ainda tão jovem.

Sempre irradiante e alegre, espalhando simpatia e encantamento por onde passava, lá ia ele, firme e forte caminhando seguro e confiante para o futuro. Antes mesmo de sair da infância já tinha dado o seu primeiro passo para a fama, se tornou o personagem de um livro. Um livro que contou a sua história, uma história de surpresas e encantamentos, do nascimento aos três anos de idade.

Em passeios, visitas, por onde passava, Marcos Neto era só alegria. Se alguém quisesse uma definição de encantamento e vivacidade era só olhar para o seu rostinho esperto e alegre, com aquele jeitinho maroto e faceiro. Quando alguém perguntava quem era ele, ele prontamente respondia: "*O Personagem do Livro*".

Mas que livro é esse que criou um vínculo tão vivo com aquele menino? Um livro mágico e encantador que transformou uma simples história de amor e amizade em exemplos de vida, ensinamentos extraídos da pureza da infância de uma simples criança.

A arte singela de aprender com nobreza, os ensinamentos profundos de uma criança, extraídos do livro da pureza que nós adultos já esquecemos mofado e rasgado em um canto qualquer.

— Quem é você pequeno menino de tamanha nobreza?

— Eu sou o Personagem do Livro – Respondia prontamente ele, todo orgulhoso.

— Que Livro é esse?

— O Pequeno Grande Amigo – respondia ele, na ponta da língua.

Tudo era fascínio e encantamento, já não precisava mais escrever, já estava escrito nos olhos daquele menino.

Como escritor, tive vontade de parar um pouco e explorar outros temas que sempre me vinham à mente, mas todos os caminhos só me levavam a raciocinar sobre a repercussão do livro que falava daquele menino de incansáveis atitudes brilhantes e inspiradoras.

Não foi preciso esperar muito. Marcos Neto continuava crescendo e surpreendendo todo mundo com suas pequenas e oportunas malandragens, mas sabendo, como ninguém, se comportar como adulto nos momentos de seriedade.

Conforme afirmei em vários momentos no livro e agora de maneira mais sólida ainda, ninguém conseguia enganá-lo com qualquer coisa, principalmente mentiras. Ele continuava desafiando a todos com sua memória fantástica e suas cobranças sobre compromissos assumidos. Assim sendo, de nada adiantava tentar enrolá-lo com promessas do tipo – "mais tarde eu voltarei" ou, mesmo, "depois eu te levo para passear". Uma afirmação dessa era seguida logo de um tipo de compromisso qualquer que lhe pudesse trazer a certeza de que você não iria falhar. Com ele era sempre assim, nada de promessas. Compromissos, garantias, isto sim ele queria ouvir. Ele é o que se pode chamar de astuto e seguro, nada de enganação ou conversa do tipo "cerca Lourenço".

Para a surpresa de muitos, menos para mim, ele crescia e se tornava cada vez mais exigente. De extremo bom gosto ele já começava a delinear as suas preferências por coisas e principalmente por pessoas. Ele conhecia direitinho quem estava se aproximando dele com atitude sincera ou com enganações. Até mesmo das pessoas que gozavam da sua confiança, ele cobrava sempre uma afirmação de compromisso:

— Você tem certeza? – Você não está mentindo, está? – Frases que usa com freqüência logo após a afirmação de uma promessa qualquer, para ratificar compromissos assumidos.

Quase sempre quem o leva para passeios sou eu, principalmente praia, que ele gosta muito. Assim, num fim de semana de sol, eu não consigo dormir até mais tarde. Logo cedo o telefone começa a tocar. Minha esposa já acostumada com a rotina do fim de semana, prontamente me acorda com um "delicado cutucão":

— Vai logo atender o seu neto senão ele não pára de ligar.

— Como você sabe que é ele a esta hora? – respondo eu me espreguiçando todo.

— Você não disse que ia levá-lo para praia no domingo? – pode apostar que é ele que está ligando – você acha que ele não sabe que hoje é domingo?

— Levanta logo! – diz ela – agora já com um ar de "bronca" e tome outro "cutucão".

Eu ainda cheio de preguiça, mas agora ela ainda mais imperativa dá as ordens de comando finais e definitivas, me fazendo lembrar o meu comandante no tempo de caserna na Aeronáutica.

— Atenda logo esse telefone, prepare o lanche, leve protetor solar e me deixe continuar dormindo, por favor – determina a vovó, se cobrindo toda com o lençol, alegando que só tem o domingo para dormir.

Eu ainda sonolento, me levanto e atendo o telefone. Antes mesmo daquela tradicional saudação de alô – do outro lado da linha vem logo uma cobrança direta:

— Sou eu vô – por que demorou atender ao telefone!

É um verdadeiro monólogo. Eu ainda não consegui falar nem a segunda palavra e lá vem ele de novo e cheio de razão:

— Já estou pronto! Acorda seu preguiçoso!

— Você vem ou não vem?

Do lado de cá não adianta desculpas do tipo "fui dormir tarde", "saí ontem à noite para jantar com sua vó" etc., etc. Assim ele quer... Assim será! Pensei cá comigo: *Já recebi uma porção de ordens ali na cama, é melhor eu me enquadrar cumprindo tudo certinho senão vou acabar apanhando.* Cambaleando de sono lá fui eu de qualquer jeito, para não arriscar esperar um segundo telefonema dele, pois a bronca que vem é ainda maior. Não dá nem pra relatar aqui o conteúdo da bronca, censurada totalmente. Ponho-me de pé e o resto da ressaca fica por conta do sol e da água morna do mar da Paraíba. Lá vamos nós para mais um domingo na praia de Camboinha. No trajeto para a praia, apesar da preguiça, a conversa é animada. Eu vou fazendo meus planos de pegar uma boa mesa, colocar o guarda-sol e espreguiçar um bom tempo até criar coragem. É claro que os meus planos não combinam em nada com os dele. Lá na praia não adianta demonstrar bocejos, preguiça etc., nem tentar ficar sentado. Não tem perigo de alguém ficar parado perto dele numa praia, a agitação é total. Ele, a praia e o mar possuem forças convergentes que se atraem e se multiplicam; nunca vi uma coisa dessa, as ondas vão tomando força e a maré subindo, mas o fogo do menino não baixa nunca. Tomamos um banho de água doce no bar e lá vamos nós para casa. No caminho de volta, o guerreiro se rende ao cansaço e pega no sono no banco de trás. Ao vovô herói cansado resta ainda guardar um pouco de força para carregá-lo nos braços na chegada em casa. Para o serviço ficar completo e não ouvir reclamações da mãe quanto ao horário e outras coisas mais, lhe visto uma roupa de dormir e o coloco na cama onde ele vai dormir o sono dos inocentes. Volto para o carro e me lembro que tenho que reservar um pouco de força para chegar em casa, tomar um banho e cair na cama e dormir o sono dos justos.

Assim eu vou levando a minha pacata vidinha de vovô. Dependendo da animação e disposição do garoto, depois de um domingo na praia com Marcos Neto, eu tenho a sensação de que vou precisar de uma semana inteira de descanso. Como o descanso só poderia acontecer no fim de semana seguinte, então não tem descanso, pois a vida continua e, no fim de semana seguinte, lá vamos nós de novo e haja preparo físico. O lado bom de tudo isso é que depois de um domingo com ele na praia eu durmo o sono dos anjos, ou será que desmaio?

Apesar de toda essa agitação eu, pessoalmente, nunca reclamo dele. Para ser sincero, eu até já estou gostando dessa nossa vidinha agitada, ele me trouxe uma energia nova, uma força que tiro nem sei de onde. Acho que tudo isso é próprio de uma criança sadia que precisa queimar energia e a gente tem mais é que agradecer a Deus por ele ser assim tão disposto. Pior seria se ele não pudesse fazer nada disso, como é o caso de uma criança dependente e especial.

Criança ativa é sinal de saúde e inteligência, cabe a cada pai ou educador saber aproveitar esta energia de maneira positiva, em benefício dela mesma, como, por exemplo, atividades adicionais ou esportivas. O importante é não ficar reclamando a vida inteira das peraltices das crianças. Como já disse, por ser muito aberto e inteligente, Marcos Neto não reage bem a atitudes e argumentos repressores. Assim, aprendi a dialogar com ele sem ter que fazer ameaças que na maioria das vezes você acaba se desmoralizando, pois não vai cumpri-las.

A partir dos quatro anos ele demonstra atitudes adultas e já sabendo perfeitamente o que quer em relação a roupas, comida e principalmente diversão. Gosta de tudo que é bom e sabe distinguir o que é melhor para ele, tem opinião própria. Ele tem um comportamento tão maduro que meu amigo e irmão Fernando Gomes o chama de "menino velho". Muito conveniente e versátil, em um ambiente público ele vai alternando suas atitudes e comportamento em função do momento, conveniência, local e hora. Gosta igualmente de tudo, ver televisão, passeios, futebol, brincadeiras, desenho animado no Cartoon, filmes em DVD que ele mesmo escolhe, só que com uma particularidade: ele tem uma hora para cada coisa bem definida e organizada na sua cabecinha de criança.

Se fizer sol num fim de semana ele não dispensa a praia, me liga logo combinando e pergunta se a maré vai estar forte ou fraca (maré baixa ou maré alta). Passear no *Shopping Center* no domingo e assistir a um filme, também faz parte da sua preferência. Certo dia ele voltava do *Shopping* com a mãe e chegou lá em casa de cara feia. Como não é comum ele estar assim mal humorado, indaguei do que se tratava, ele prontamente respondeu:

— To triste vovô. Fui para o cinema e só tinha filme com letrinhas, (legendado) – só porque eu não sei ler – mas quando eu aprender a ler você vai ver, vou assistir tudinho só de raiva. Protestou o exigente expectador, pela falta de opções do cinema que insistia em exibir filmes infantis sem ser dublados.

Como já afirmei anteriormente, Marcos Neto, apesar dos seus quatro anos, já é possuidor de um refinado bom gosto. Quando ele percebe que vai ficando perto do São João, pelas propagandas que aparecem na televisão e a decoração da sua escola, ele pergunta logo se vamos passar o São João na Fazenda Santana em Campina Grande.

Como o pedido dele é uma ordem, durante os festejos Juninos, como sempre, lá vamos nós para curtir o Maior São João do Mundo, em Campina Grande. Como amigos privilegiados que somos, gozamos da deliciosa hospitalidade do casal Carlos e Keila, no clima de montanha da Fazenda Santana. Marcos Neto aproveita como ninguém as delícias da Fazenda Santana. Muitas brincadeiras, cavalgadas durante o dia e à noite o tradicional forró pé-de-serra nas barracas do Parque do Povo, onde degustamos um delicioso vinho no pavilhão do Saloon Bar.

A vida tem sempre reservado boas surpresas para mim e para o meu Pequeno Grande Amigo Marcos Neto. Assim, no dia 30 de julho de 2004, nossas vidas foram marcadas pela chegada de um novo neto para mim e um irmão para ele.

Logo que soube da gravidez da minha filha Isabelle, eu e a minha esposa começamos uma verdadeira preparação do meu neto para a chegada do seu irmãozinho. Conversamos muito com ele da importância de se ter um irmão com quem compartilhar tudo e ele, por ser um bom menino, comportado e obediente, tinha recebido de Papai do Céu, esse prêmio, um irmãozinho para alegrar ainda mais o seu lar. Como já era de se esperar, surgiram reações naturais de ciúmes. No início não foi lá muito fácil, mas todos da família colaboravam na tarefa de conscientização de Marcos Neto.

Durante a gravidez ele sempre se mostrou carinhoso com a expectativa de chegada do irmão, até conversava com ele na barriga da mãe. Foi dando logo uma de autoridade de irmão mais velho e queria escolher o nome do irmãozinho que estava pra chegar. Gaiato e brincalhão, como sempre, durante toda a gravidez ele inventava uma porção de nomes e apelidos para o irmão, queria colocar nele o nome do seu melhor amigo da escola, João Vitor. Para acabar com as expectativas minha filha Anne Isabelle avisou logo que quem iria decidir o nome seria ela e só iria comunicar sua decisão no dia programado para o nascimento.

Como eu falava com Marcos Neto quase todos os dias, numa dessas oportunidades e já bem próximo do nascimento do irmão, ele me procurou e disse que queria me contar um segredo. Esperto, astuto, amigo e confidente, antes de revelar, ele me fez confessar que guardaria o segredo.

— Olha vovô, este é um segredo que vai ficar só entre nós dois (com o dedo em riste) – tá certo?

— Combinado, eu juro – disse eu fazendo uma cruz com os dedos indicadores.

— O nome do meu irmãozinho vai ser Isaac, vovô! – O seu nome. Mas você não pode dizer que sabe – combinado?

Surpreso eu já fui respondendo afirmativamente, já com a voz embargada pela novidade que estava sendo por ele revelada.

Tem um ditado que diz que criança não mente. Emocionado e sabendo da sinceridade que Marcos Neto tinha para comigo, pelo nosso laço de bons amigos eu tive vontade de chorar, mas me contive. A minha emoção maior eu tinha certeza que seria no dia do nascimento, ao ser anunciado o nome, pela minha filha. Assim, a partir daquele momento até a data do nascimento, eu estava querendo curtir apenas a demonstração de fidelidade que Marcos Neto teve para comigo ao revelar-me um grande segredo seu. Quebrar esse segredo eu não faria nunca. A partir daí, o meu comportamento discreto, mostrando para todo mundo que eu não sabia de nada, foi para ele a certeza de que ele sempre teve a minha lealdade.

A minha esposa, que também já sabia que seria dado o meu nome ao meu mais novo neto, por várias vezes testava constantemente Marcos Neto, perguntando na minha presença se ele sabia qual seria o nome do seu irmão. Ele sempre desconversava respondendo que não sabia, mantendo o segredo solicitado por sua mãe, demonstrando um comportamento inesperado, muito adulto e incomum numa criança. A partir daí eu me senti um verdadeiro privilegiado, dono da confiança do meu Pequeno Grande Amigo. Ele de fato havia quebrado o pedido de segredo de sua mãe, revelando o nome do seu irmão, mas como ele mesmo diz, apenas para uma pessoa, para o seu melhor amigo, que não por acaso sou eu. Assim, numa atitude de total retribuição eu mantive o nosso segredo até o fim e não traí a sua confiança. Mesmo no dia do nascimento, não revelei para minha filha que já sabia de tudo. Agindo dessa maneira ele teve a certeza de que confiou na pessoa certa, no seu avô, seu amigo e padrinho, só alguém com tantos títulos, poderia merecer tal confiança, concorda?

Marcos Neto é vidrado em desenho animado principalmente o Cartoon. Cansei de assistir horas e horas de programa com ele. De vez em quando eu deixo até de assistir ao meu programa jornalístico preferido porque ele não abre mão dos seus desenhos no Cartoon. O que acabou acontecendo foi isso mesmo, eu fui me acostumando com o canal e de tanto assistir por repetidas vezes àqueles desenhos animados com ele, acabei me acostumando. Agora quando eu estou viajando, à noite eu fico sozinho no hotel e para me lembrar dele ligo a televisão e vou direto para o canal do Cartoon. Dizem que nós passamos a vida inteira ensinando nossos filhos, mas depois de velhos vamos mesmo é reaprendendo com os netos.

Ultimamente Marcos Neto vem revelando um fino gosto pela música romântica. É fã de carteirinha de Zezé Di Camargo e Luciano, acho que sofrendo um pouco de influência da mãe, assiste com muita atenção, as participações da dupla em programas de televisão. Gosta de todas as músicas que eles cantam, mas já enumera a sua preferida. Ele inclusive já mudou até o nome da música, chamando-a de "Cabocla", tudo porque a música era tema de abertura da novela das seis da Rede Globo. Eu também não posso negar que gosto muito das músicas de Zezé Di Camargo e Luciano. Compro sempre seus CDs. Durante aproximadamente uns dois anos eu levava Marcos Neto diariamente para a escola. Quando ele entrava no carro, dizia logo: vovô, coloca "Cabocla". Se por qualquer motivo eu não atendesse o seu pedido, ele ia à bolsa, pegava o CD e colocava direto na sua música preferida. Quando a música chegava ao fim ele apertava o retorno e recomeçava tudo novamente até chegar à escola.

Dias 20 e 21 de agosto de 2004, Zezé Di Camargo e Luciano vieram para Recife, fazer duas apresentações de gravação o seu novo DVD, no Classic Hall. Atendendo o desejo das minhas filhas Isabelle e Danny, compramos um camarote e fomos com vários amigos assistir ao grande *show*. O empecilho era o fato de que meu novo neto, Isaac, com apenas vinte e um dias, estava mamando e assim tínhamos que levá-lo de qualquer jeito junto com sua mamãe Isabelle. Fizemos reservas no Hotel, e viajamos logo cedo para as acomodações, evitando assim atropelos de última hora e os inconvenientes de se viajar com um recém-nascido. É claro que Marcos Neto não poderia ficar, ele não nos perdoaria nunca. Mas o que ele também não sabia, era de que por ser menor, não poderia assistir ao *show* naquele horário noturno. Passou o mês inteiro falando nessa viagem. Para evitar mentiras que não contribuem em nada, principalmente com uma criança inteligente como ele, dizíamos que ele iria ficar no hotel com seu irmão Isaac, sua tia Danny e a babá. Ocorre que ele não absorveu bem esta coisa de ficar no hotel. Na sua cabeça o *show* seria no próprio hotel e ele estava contando como certo ver a dupla sertaneja. Durante a viagem de cento e vinte quilômetros que separam João Pessoa de Recife, ele era uma animação só, fez a gente ouvir uma única música da dupla até a chegada. A viagem e as brincadeiras na piscina do hotel cansaram o guerreiro que dormiu e nós fomos tranqüilos para a casa de *show.* Lá para as tantas ele acordou e percebeu que estava excluído, chorou copiosamente. Fizemos várias ligações tentando consolá-lo, mas foi inútil. Até hoje ele sempre me cobra esta minha atitude traiçoeira, mostrando que ficou magoado. Quando ele crescer e tiver idade suficiente para entender, ele vai saber por mim ou lendo este depoimento de que o que impediu a sua ida foi a sua idade em relação ao horário do *show* e não a minha vontade. Mas espero que Deus lhe dê muita saúde para que ele tenha uma vida longa e possa assistir a muitos outros *shows* junto com seu irmão Isaac e, quem sabe, lembrar com alegria e uma pontinha de saudade do vovô e desse episódio aqui relatado, rindo bastante das presepadas por que passamos juntos.

Como eu viajo muito durante a semana, todo fim de semana eu e Marcos Neto vamos à praia ou passamos um dia inteiro juntos, para colocar nossas conversas em dia. Estava aguardando uma oportunidade dessas para testar esta sua preferência e fidelidade musical pelo sertanejo romântico. Como relatei em um dos capítulos do livro, tinha uma música que ele adorava, dizendo que era - "a nossa música". A música se chama: "Era um garoto que como eu amava os Beatles e os Rolling Stones", que ele inteligentemente simplificava chamado-a de: "rá, tá, tá, tá". Passamos mais de um ano sem curtir a nossa música "rá, tá, tá, tá", tal era o seu encantamento pelo ritmo sertanejo "Cabocla" e outras mais de Zezé Di Camargo e Luciano. Assim sendo, em um desses domingos que a gente passa junto, resolvi, então, testar a sua memória e perguntei:

— Você se lembra de uma música que você gostava muito, que a gente dançava tocando guitarra e bateria? – Ele ficou um pouco pensativo e respondeu na lata:

— Lembrei vovô: "rá, tá, tá, tá", vovô, "rá, tá, tá, ta" – pulou freneticamente, comemorando e imitando um guitarrista. Daí pra frente acabou o domingo de paz. Ouvimos a música até cansar.

Marcos Neto está crescendo em todos os sentidos e continua me surpreendendo todos os dias com as suas peripécias criativas e de bom gosto. Carinhoso e amigo, leal como sempre, levamos longos papos quando ele me conta tudo que acontece com ele em casa e na escola. Conta-me até quando fica de castigo ou é repreendido pelos pais. Todo mundo pode falhar com ele, menos eu. Como amigo ele é muito exigente e valoriza a atenção que me dispensa, reclamando e cobrando muito, principalmente quando eu cometo algumas falhas ou por algum motivo não lhe dou a atenção que ele estava esperando.

Uma manhã, quando ia levá-lo para a escola, percebi que o carro estava com a bateria arriada e não pegava. Abri o capô e fiquei tentando resolver o problema buscando ajuda com pessoas nos carros vizinhos e nada. O tempo foi passando e eu, injustificadamente, fui ficando nervoso, enquanto ele insistia em brincar com as ferramentas derrubando coisas. Cada vez mais nervoso, acabei falando duro e ríspido com ele. Quando vi que não tinha como solucionar o problema do carro, chamei minha filha e ela foi levá-lo para a escola. Chamei o socorro mecânico e o problema foi sanado. À noite, como de costume, a saudade bateu e eu fui até a sua casa. Quando entrei na sua casa ele me tratou friamente, sem aquela farra, correndo e se jogando nos meus braços. Percebi a indiferença, mas fui tratando tudo com muita naturalidade, todos se afastaram e acabamos ficando somente eu e ele sentados na cama assistindo televisão, quando ele, inesperadamente, me perguntou, sem me encarar:

— Vovô, o que você está fazendo aqui?

— Estava morrendo de saudade de você e vim te ver, amigão! – respondi com a cara mais lambida.

— Estou triste! Você hoje brigou comigo, tá lembrado? – falou, olhando de lado, sem ainda me encarar.

— Eu sei, por isto mesmo é que eu estou aqui – vim te pedir desculpas.

— Você desculpa o vovô? – ele ficou um tempinho calado e...

— Tudo bem vovô – eu também tava dando trabalho – afirmou ele num tom de reciprocidade e reconhecimento.

— Então, amigo de novo certo? – prometi eu.

— Certo! – confirmou ele.

— Bata aqui – estendi a mão fechada para ele tocar e já fomos mudando de assunto para evitar mágoas e ressentimentos, afinal amigo é para sempre.

Outro dia Marcos Neto me fez um pedido que me causou uma grande surpresa, além de muita alegria.

— Vovô, eu ainda não sei ler. Quero que você leia o "meu livro" para mim.

Ter como expectador privilegiado o próprio personagem do Pequeno Grande Amigo é uma honra. Assim, sempre que a gente tem uma oportunidade, leio algumas páginas para ele.

A alegria de um menino pela sua obra me fez aproveitar esta segunda edição para relatar este fascínio. O orgulho e o encanto daquele pequeno ao ver seu livro nas vitrines das livrarias dos *Shoppings* por onde andava, encantavam e enchiam de brilho seus olhinhos pequeninos demonstrando alegria diante de tudo que estava acontecendo. Sua foto na capa, apesar de perfil, marcava a imagem para as pessoas que manuseavam o livro. Certo dia estava com ele dentro de uma livraria do *Shopping* quando alguém apontando o dedo, disse:

— Olha ali, aquele é menino do livro – E ele, demonstrando que percebia a admiração da pessoa, correspondia todo solícito o gesto surpreso do leitor. De tanto circular com ele, pelas livrarias dos *Shoppings Centers,* acabou ficando amigo e conhecido dos funcionários que o tratam com o maior carinho, chamando-o de "Menino do Livro".

Certa vez fui passar um fim de semana em Natal-RN e levei-o comigo. Durante um passeio no *Shopping Center,* deparamos com uma feira de livro com vários estandes espalhados pelos corredores e muitos estudantes uniformizados representando suas escolas. Ele, já muito interessado por livros, percorria, com muito interesse, aqueles corredores cheios de livros coloridos. De propósito, fui conduzindo-o por entre os corredores até encontrar um expositor, que continha livros de literatura brasileira. Olhando mais detalhadamente o expositor deparamos com o livro O Pequeno Grande Amigo. Ele ficou surpreso tirou um exemplar e abraçou-o contra o peito. Eu o deixei a vontade e continuamos a circular pela feira. Quando já estávamos de saída do *Shopping,* tentei recolocar o livro de volta no local e ele não aceitou, dizendo que o livro era dele. Insisti muito dizendo que o livro era da livraria e estava ali para ser vendido, no que ele me respondeu prontamente:

— Devolvo não! É o meu livro! – Vou ficar com este. Eles têm muito aí.

Para não frustrar o seu instinto de propriedade do objeto, fui até o caixa e paguei o livro. Quando saímos do *Shopping* eu percebi que ele estava impaciente com alguma coisa. Cheio de curiosidade e surpreso com tudo que tinha visto ali ele virou para mim e fez a seguinte pergunta:

— Vovô. Por que tem o meu livro em todo lugar? Referindo-se ao fato de já ter deparado com o livro em outras livrarias que havíamos visitado em outras cidades. Eu prontamente respondi:

— Está vendo! Você já é um menino famoso e todo mundo quer conhecer a sua linda história de amor e amizade, comprando e lendo o livro "O PEQUENO GRANDE AMIGO". – Ele, ainda abraçado ao livro, declarou:

— Quando eu aprender a ler vou ler o meu livro todinho. – E eu respondi cá comigo em pensamento e emocionado: *"que surpresa maravilhosa você vai ter ao ler a sua história..."*

Como já era de se esperar, após completar cinco anos, ele começou a se manifestar de maneira diferente, muito mais criativo e inteligente nas atitudes. Agora está morando em casa de condomínio fechado, com um quarto só para ele, mais espaço para desenvolver as suas atividades, guardar com cuidado seus brinquedos prediletos, jardim amplo e aberto, com muitas plantas para que ele possa conviver com a natureza, pistas sem grandes movimentos de carro, o que permite maior prática do ciclismo e a queima de energia. Por falar em ciclismo, quando ele estava aprendendo a andar de bicicleta levou várias quedas que estão marcadas com cicatrizes pelas pernas. Uma queda em particular trouxe um pouco mais de preocupação, pois ele bateu a boca no guidom e arrancou fora um dente superior. Como ainda não estava na hora da troca dos dentes de leite, ele acabou ficando banguela antecipadamente, para a gozação dos amigos.

Na sua escola Carrocel, também já ficou registrada a sua marca numa peraltice sem igual: certo dia o alarme da escola disparou e todo mundo saiu correndo de um lado para o outro para saber o que havia ocorrido. Depois de inspecionar tudo, não havia sinal de arrombamento em nenhum lugar ao longo dos censores do alarme. Quietinho e bem escondidinho, lá em cima de uma árvore, estava Marcos Neto balançando o galho que disparou o alarme.

Ele é vidrado em desenho animado e cinema. Compro para ele todos os sucessos do cinema infantil em DVD. Ele assiste repetidas vezes o mesmo filme sem se cansar. Quando está diante da TV vendo um dos seus filmes preferidos não gosta de ser interrompido. Certa vez, enquanto assistia a um desses filmes infantis, o telefone tocou insistentemente e ninguém atendia. Muito a contragosto ele parou de ver o filme e foi atender ao telefone demonstrando que estava com pressa, evitou maiores diálogos e foi dizendo logo:

— Alô quem é? – Do outro lado uma pessoa reconheceu sua voz e respondeu:

— Olha Marcos Neto, é a mãe da babá do seu irmão. Pode chamá-la pra mim? – Ele viu logo que o assunto ia demorar e estava perdendo o filme – então disparou:

— Posso não, estou muito ocupado vendo meu filme, ligue outra hora – e colocou o telefone no gancho, correndo imediatamente de volta para o quarto para não perder a seqüência do filme.

Sua mãe, que estava tomando banho, achando tudo aquilo muito estranho, saiu apressada do banheiro e indagou:

— Marcos Neto, quem era no telefone?

Ele já diante da TV, sem tirar o olho do filme e não disposto a ser novamente incomodado, respondeu sem medir as conseqüências:

— Não era pra você não sua "abestalhada", pode voltar para o seu banho.

No início de 2006, já com cinco anos e seis meses de idade, ele foi matriculado no Colégio Marista Pio X, para fazer alfabetização, exigência da família por se constituir em um ensino de qualidade reconhecida em todo Brasil. Sabendo que ele iria estranhar o ritmo da nova escola, por ter vindo de um colégio infantil onde fez o conhecido jardim I e II, a família providenciou logo uma orientadora para ajudar nas tarefas de casa. Assim, todo dia a orientadora, muito paciente, tinha uma história para contar do Marcos Neto na difícil jornada da tarefa de casa. Muito inteligente, mas também, paralelamente, muito autoritário, assim a orientadora ensinava o dever e com muita boa vontade procurava repetir toda aquela rotina com muito cuidado para fixar melhor o aprendizado, quando ele sempre a interrompia bruscamente antes que ela terminasse a explicação:

— Não sou burro não! Já sei tudo, pode deixar que eu termino. E fazia tudo certinho. Impaciente e dispersivo, na verdade o que ele precisava mesmo era uma pessoa pra cobrar e não deixar ele "enrolar o tempo", bastava a orientadora desviar sua atenção que ele parava o que estava fazendo e se envolvia com outra coisa que não tinha nada a ver com a sua tarefa. Certo dia, como fazia parte do dever de casa uma questão para estimular o raciocínio matemático, a orientadora fez a seguinte pergunta:

— Quantos pés têm na sua casa? – Ele não titubeou e nem se preocupou em fazer conta, veio com a imediata resposta:

— Nenhum... Minha casa não anda.

Continuando o aprendizado do bendito dever de casa, a orientadora perguntou para Marcos Neto qual era a atividade de cada pessoa na sua casa, o que ele começou a responder pensativo e calmamente:

— Minha mãe trabalha, cuida de mim, cuida da casa e compra comida; a cozinheira faz o almoço e arruma a casa; a babá cuida do meu irmão Isaquinho; meu avô me dá banho, brinca comigo e me leva para passear.

— E o seu pai? – indagou a orientadora vendo que ele tinha esquecido. Ele respondeu:

— Bom o meu pai, eu assisto uns filminhos com ele.

Atento a tudo, como sempre, continuou dando suas alfinetadas em todos que o cercam, com muito senso de oportunidade. Como viajo sempre todas as semanas para algum lugar do Brasil, uma outra predileção começou a fazer parte da sua vida: me buscar no aeroporto, quando da minha chegada, pois adora ver aviões.

Numa dessas viagens o vôo iria atrasar tanto em Brasília que teria de fazer o último trecho, Recife / João Pessoa, de carro, pois iria perder a bendita conexão. Como o atraso foi muito maior que se esperava e só chegaria por volta das cinco horas da manhã, liguei de Brasília avisando-o para não ir para o aeroporto. Como ele tem sempre uma pergunta para tudo, eu não conseguia desligar o telefone dando todas as explicações, sobre conexão, atraso, avião retido, chuva, falta de teto, etc. Quando, em fim, percebi que não iria convencê-lo, resolvi simplificar as coisas dizendo que o avião estava quebrado e não podia voar. Ele se convenceu e eu economizei na ligação interurbana. Sempre atento a tudo, no dia seguinte, lá pelas dez horas da manhã ele ligou para minha casa para saber que hora eu chegaria. A vovó Gláucia atendeu ao telefone, e sem saber do nosso diálogo pelo telefone na noite anterior, disse:

— Seu avô ainda está dormindo, pois o vôo chegou de madrugada. Ele imediatamente disparou de lá mais gritando do que falando:

— Ele está doido é? – E bateu o telefone sem dar maiores explicações.

Mais tarde eu acordei e fui ao seu encontro. Ele já me recebeu dando uma bela lição de preocupação de gente grande:

— Vovô, como é que você viaja num avião quebrado e na chuva? – antes que eu respondesse...

— Olha vovô, por que você viaja tanto? – a partir de agora quando for viajar me avise – você está proibido de viajar no avião quebrado...entendeu?

— E tem outra coisa: se chover você não entra no avião... promete?

Esta atitude mostra claramente, dentro da sua ingenuidade, o quanto ele se preocupa comigo.

Acho que por todas essas coisas boas que aconteceram comigo e com o meu pequeno amigo, ao longo desses quase seis anos de convivência, ele, certo dia, num gesto de retribuição, típico de um adulto, me olhou docemente nos olhos e me disse, enchendo meu coração de alegria:

— Vovô! Quando eu crescer vou escrever um livro sobre você...

Nesta singela frase, carregada de amor e sinceridade, ele me retribuiu tudo que eu possa ter feito de especial por ele, me tornando, assim, o homem mais feliz do mundo.

Aí, para selar a nossa amizade, num momento de emoção pura, deixei o meu coração falar mais forte e fiz este poema para o meu Pequeno Grande Amigo:

O MENINO E O LIVRO

Que menino é este que me inspira tanto,
Que me agita muito que não pára nunca.
Eu quero parar, mas eu não consigo,
Ele move tudo, mexendo comigo.
Me desafiando... me chamando de amigo.
Me faz um moleque, pra brincar pulando
De correr na relva e rolar na grama....
Que menino é este que me traz saudades,
Que me tira a idade... me faz pequenino.
Que menino é este, doce como a uva,
Que me lembra o tempo,
De brincar na chuva
Que menino é este de sorriso aberto,
De quem não sei ficar longe
Só quero estar perto,
Que menino é este de coração puro,
Que eu quero abraçar...
Pra sentir seguro.
Que menino é este que me ensinou tanto,

Que me trouxe alegria, me levando aos prantos.
Que menino é este que me emociona.
Que me contagia,
Que só dá amor... e traz alegria
Que menino é este que mexeu comigo.
Me desafiando a escrever um livro.
É um menino simples... mas especial.
Além de sincero, ele é leal.
Corresponde a tudo que lhe fizer de bem.
Mas sabe rebater o que não lhe convém.
Ele é pequeno, mas bem preparado.
Sabe cobrar tudo que não for lembrado.
É inteligente e determinado,
Ele aceita tudo, menos ser enganado.
Ele é um menino que brinca comigo.
É pequenininho, mas um grande amigo.
Ele é um pequeno que se tornou grande
É só descobrir, como, por que e onde.
Vou lhe dar uma deixa, não posso ensinar.
É no coração, que você vai achar.
No seu coração tem uma proposta
Pra você buscar a melhor resposta.
Como conseguir, ninguém sabe ensinar.
Pois só você sabe,
Como encontrar.

Isaac Martins